運がいいとき、
「なに」が起こっているのか?

●

石田久二

JN122330

サンマーク
文庫

文庫化にあたって

火傷しそうな一冊だ。

前作の『夢がかなうとき、「なに」が起こっているのか？』は、潜在意識の教科書だった。潜在意識の性質を理解し、秘伝を実践すると、忘れた頃に願いがかなっている……といった趣であったが、今回はもっとダイレクト。

100万円欲しければ取りに行けばいい。

そのための力はすでにある。

それは宇宙から与えられた内なる力。

その宿りし力のことを、ここでは超意識と呼んでいる。

超意識を活用すれば人生は思い通り。本書に書かれた数々の宇宙法則は決して後付けの成功ノウハウではなく、著者自身がこの8年間でリアルタイムに実現してきた、生きた証である。

たとえば本書にもある通り、「金のロレックス」を手に入れた（ただし、100万円ではなく360万円だった）。他にもマイホームを手に入れた、メルセデス・ベンツを買った、1000人規模のイベントを何度も開催した、JAZZのレーベルを設立した、自転車での47都道府県トークライブを達成した、アメリカでの講演デビューを果たした、インドで英語セミナーを開催した。

あと、魔法使いにもなった（笑）。

まさにやりたい放題だ！

今回、この小さな文庫本にビッグバンレベルのエネルギーを封入した。鞄やポケットに入れておくだけで、願ったことはどんどんかない始めるだろう。

可能なかぎりすぐかなえたい？

だったら3か月に1回、そのチャンスがある。

2015年の発売当時に軽くバズったあの方法。身口意《しんくい》を渾身《こんしん》の力を奮って叫んでみる。それは超意識にダイレクトに届き、すぐに奇跡がやってくる。

8年たった今でも普通に使えるノウハウだらけだが、今改めて読むと、やっぱり熱い。火傷寸前。この本自体からものすごいエネルギーが湧き出ている。

今回、文庫化にあたって新たに吹き込んだ音声も激アツなので、覚悟あれ！


人生は一度だけ！

やりたいことやり尽くして、燃え尽きようぜ！

2023年1月

石田久二

◆この本で紹介する「運の流れに乗る方法」で奇跡を引き寄せた人の声

●35歳までニート同然だったけど、突然、超大手外資系企業に就職でき、美人の彼女ができた！（30代男性・東京都）

●いつの間にか月収500万円を超えていて、海外に移住することが決まった！（40代男性・愛知県）

●アラフォーで焦って1年間婚活をがんばったけどまったくうまくいかず、婚活を休んだ瞬間に彼氏ができて結婚目前！（30代女性・大阪府）

●なかなかうまくいかない婚活中に、何気なく「女子会」に参加したところ、なぜかそこにいた〝男性〟と意気投合し翌年に結婚した！（30代女性・広島県）

●**気がつけば月収200万円**を超えていた！
（30代男性・沖縄県）

●欲しいものとその金額（470万円）を紙に書いていたところ、**1か月後にいきなりほぼピッタリの臨時収入がやってきた！**
（40代男性・福岡県）

●経済的に豊かになりたいと強く願っていたら、**突然、それをかなえる人と出会って、生まれて初めての不労所得を得た！**
（40代女性・福岡県）

●流れに逆らわずに過ごしていたら、公的機関から資金を借りて飲食店を開業でき、**いきなり大繁盛！**
（30代男性・大阪府）

●小さいころから願っていた「社長になりたい」ということを改めて紙に書きはじめたら、**1か月後に突然、社長にさせられた！**
（20代男性・東京都）

（※筆者がご本人から直接聞いた声のみ収録しています）

プロローグ
運がいいとき、「こんなこと」が起こっていた！

「なにひとつ取り柄のない男」から「めちゃくちゃ運がいい男」になった理由

あなたは、自分のこと、運がいいと思う？

オレは……めちゃくちゃ運がいい！

こう言うと、一部の人には「また自慢して」と怒られそうだけど、こう言えるようになったのは〝運がいいとき、「なに」が起こっているか〟に気がついたからだ。

オレは、中学生のころからＩＱも偏差値も低く、見てくれもよくない。

「なにひとつ取り柄のない男」と言われつづけた。

社会人になっても、大きな成果を上げることもできずに、上司から「君はなにひとつ取り柄がないんだから、せめて言う通りに働きなさい」と言われ……こんなオレでも、当時はそれなりに傷ついた（笑）。

そしてイヤなことを続ける耐性もなく、なにも身につかないまま30歳を過ぎていた。

ただ、運だけは少しはよかったかもしれない。

というのも、ピンチに遭遇するたびにあり得ないほどの幸運に恵まれ、その繰り返しによって成長してきた実感があるからだ。

そして、徐々に、

運がいいとき、「なに」が起こっているのか？

それは、どうすれば再現できるのか？

ということがわかってきた。

そこでこの本では、運がよくなる法則、そして運の流れに乗って、夢や願いをバンバンかなえていく方法をお話ししたい。

なぜ、探査機は冥王星に届くのか?

先日、NASA(アメリカ航空宇宙局)によって2006年に打ち上げた惑星探査機ニューホライズンズが、冥王星に接近したというニュースを目にした。

地球から冥王星までの距離は約48億キロ。想像を絶する距離と広さだ。

たとえて言うなら、日本から飛ばした風船が風に乗ってニューヨークの「自由の女神」が持つ松明《たいまつ》に到着するようなものか。いや、もっと遠く広大かもしれない。

もしいま、風船を飛ばして、たまたま松明に届く確率はどのくらいだろうか?

万にひとつ、億にひとつもないだろう。

しかし、ニューホライズンズはきちんと冥王星に届くのだ。

なぜか？　それは、つぎの2つの理由があるから。

1．冥王星の方向を向いている

2．冥王星に向けて動いている

専門家が冥王星までの**軌道と距離をきちんと計算して、そしてきちんと飛ばして動いているから届くのだ。**けっして偶然ではない。

「なんだ、そんなことか……」と思うかもしれないけど、普通の人には理解できない世界なのはたしか。

だけど、このように、人類は「あり得ないようなこと」をやってのけている。

じつは「運」もこれと同じ。

一見、「あり得ない」と思うような〝**偶然**〟**という名の**〝**必然**〟**を常に起こしている。**そして、これは**意図的に起こすこともできる**のだ。

運の流れに乗るためには、この冥王星へと向かうニューホライズンズと同じように、つぎの2つの条件がある。

1. 望むべき方向を向いている
2. 望むべき方に向けて動いている

まずは、この2つの条件が必要。

ニューホライズンズは言うまでもなく、単純に冥王星へと向かっているだけじゃなく、そこまでの間に「専門家にしかわからない計算」があるから届くもの。

同じように、オレたちもある方向に向かっているとき、「宇宙にしかわからない計算」によって、目的地へと導かれているものだ。

運がいいとき、2つのことが起こっている

そして、その計算プロセスの上で、宇宙はさまざまな助けを与えている。

まさに、「あり得ない運のよさ！」というときは、2つのことが必ず起こっている。

ある方向に向いて動いていれば、**「サイン」がやってくる。**それは「偶然のような必然」であり、宇宙のサインと呼べるもの。

「ふと、思いついた心の声」「聞いた途端、心がザワつく言葉」「思いがけない協力者」……こんなサインがやってくるのだ。

また、専門家がどんなに計算しても、実際に飛ばさないことには冥王星には届かないのと同様に、オレたちも、**進まないことには、行動しないことには、なにも起こらない。**

その行動の源となる力のことをエネルギーと呼んでいる。

つまり、**運がいいとき、「エネルギー」が燃えている。**

たとえば、2006年2月、オレは「全財産が1万6665円となり、月末の家賃が払えない状態になりながら、突然30万円の仕事がやってきた」という実体験がある。

このとき、オレは「フリーランスで生きていく！」という方向を向いていた。

しかし、いよいよ貯金がなくなり、家賃が払えなくなりそうだ。

そこで普通なら就職活動をするのだろうが、オレはちょっと迷いながら、その選択肢を捨てた。

そのとき、ライフワークである「滝行」をしており、それも「100日滝行」なる修行の真っ最中で、就職活動をするとは、その修行の中断を意味していた。

オレにとって大切なのは、100日間の滝行をやり遂げることだ！

そう「腹」を決めたとき、**オレの中でものすごいエネルギーがわき出し、なぜかすぐに30万円の仕事がやってきた。**

さらに運よく家賃引き落とし直前には振り込まれた。しかもその日は奇しくもオレの誕生日。こんな偶然、まさに宇宙のサインだ。

いまでは無事、年収3000万円。このとき就職活動をしなくてほんと、よかった。やっぱり運がいい。

つまり、あり得ない運のよさだと思ったとき、間違いなく**「サイン」がやってきて、「エネルギー」がわき起こっているのだ!!**

いよいよ加速するときがやってきた!

運の流れに乗れば、当然、「夢の実現」や「なりたい自分」へ加速する。

前作『夢がかなうとき、「なに」が起こっているのか?』では、文字通り「夢がかなうときのメカニズム」を解き明かした。

それは、「願いをかなえるには『さとり』を開くこと」という真実。

しかし、その前には、**しばしば自分の力を超えた「運」としか思えないようなことが起こっている。**

「運」の秘密を知ることで、あなたの人生はさらに加速し、夢がかなうスピードも倍増するだろう。

第一章では、「宇宙の計算」、つまり「サイン」の正体を明らかにし、願いをかなえるために、正しく舵取りする方法をお伝えする。

この章を読むことで、**「宇宙の流れ」を身近に感じることができ、運がよくなりはじめることを実感**できるだろう。

第二章では、運を加速するための「エネルギー」の出し方、使い方がテーマとなる。実際、宇宙は願いをかなえるためにいろんなメッセージを送ってくる。ときにはかなりストレスになるものもある。

その**ストレスをぶち破り、さらに加速させるものが、まさにエネルギー！**　エネルギーはそれまでの自分に秘められた行動力の源となる。

しかし正直なところ、メッセージ通りに行動を起こそうにも、「先立つもの」が必要なこともある。そう、**エネルギーの化身でもある「お金」**だ。

そこで第三章では、たくさんの願いをかなえ、人生を超ハッピーに生きるために必要な、お金を確実に引き寄せるための方法をお伝えする。


そして最後の第四章では、運がいいときの究極の状態をお伝えする。

ぶっちゃけ、その状態でさえいれば、他になにもする必要はない。

運がよすぎてしびれるほどだ。


そして、この本では、単行本時に付録としてつけたCDの音声がQRコードでダウンロードできるようにしてある。

長年、音声メルマガを配信してきているが、

「Qさん（オレの愛称）の声はまるで潜在意識にダイレクトに届くようです！」

「エネルギーがわいてきて、すぐに行動を起こしました！」

「倍速のような語り口に、脳が活性化し、ワクワク感が止まりません」

という声をたくさんいただいている。

この本をお読みのあなたにも、それをぜひ体感していただきたい。

とにかく、なんの偶然か必然か、あなたはいまこの本を手にしている。
そしてオレはこの「本」と「音声」にハンパないエネルギーを注ぎ込んだ！
ぜひ最後まで読んで、そして付属音源を9回は聞いてほしい。
運をものにし、つぎつぎと夢や願いをかなえ、あなたの人生がいまよりももっと
もっと楽しく加速していくことを約束しよう！

宇宙の導きにより、いまこそ加速するときがきた！　準備はいい？
Now's the time！

運がいいとき、「なに」が起こっているのか？　もくじ

プロローグ　運がいいとき、「こんなこと」が起こっていた！

第一章　人生を変えたければ「心のザワツキ」をやっつけろ！

第二章　ストレスをぶち破り、運を加速させるエネルギーの出し方・使い方

第三章　なにをするにも必要な「お金」を確実に引き寄せる方法

第四章　あとはなにもしなくていい！　運がいいときの究極の状態

エピローグ　ぶっちゃけ、運をよくするのは簡単だよ

本文イラスト：東雄一郎
校正：株式会社ぷれす
編集：金子尚美　佐藤理恵（サンマーク出版）

JASRAC 出 2210333-201

第一章

人生を変えたければ「心のザワツキ」をやっつけろ！

桃太郎が鬼退治できたのは、運がよかったから？

桃から生まれた桃太郎。おじいさんとおばあさんのもとですくすくと育ち、いよいよ奪われた宝物を取り返しに、鬼ヶ島まで鬼退治に行くことになりました。

おばあさんが作ってくれたきび団子を持っていざ出陣！

鬼ヶ島に行く途中、犬と猿ときじがやってきてきび団子が欲しいと言うので、あげました。すると家来になりました。

鬼ヶ島に到着し、犬と猿ときじと力をあわせて鬼をやっつけ、宝物を取り返して村に帰ることができました。めでたし、めでたし。

もう、なんの説明もいらない昔話、『桃太郎』。

いまなお語り継がれている昔話、物語って、そこに普遍的な教訓やヒントがあるからこそ残っているわけで、この『桃太郎』も、そして前著で紹介した『こびとのくつや』も同じ。

8行であらすじを紹介したけど、じつはこの『桃太郎』、めちゃくちゃ深い。

この話には、**運の流れに乗り、願いをかなえるための重要なメカニズムが組み込まれている**のだから。

桃太郎の願いは鬼ヶ島で鬼退治をして、宝物を取り返すこと。

でも、考えてほしい。

あの巨大であろう鬼たちがいる島に、まだ少年でしかない桃太郎がひとりで行ってやっつけられるかって。

おじいさん、おばあさんもよく行かせたものだ。普通は止めるでしょ。

だけど、**桃太郎はじつに運がよかった。**

行く途中でたまたま犬と猿ときじに出会って、しかも持っていたきび団子をあげたら家来になってくれたから。

戦術的には、まず、きじが鬼の周りを飛び回って注意を引き、そこで犬が足にかみつき、「いて〜」ってなった瞬間、猿が鬼に飛びついて顔をひっかく。

すると、ガードが上がってボディががら空きになるところに、桃太郎が刀でえいや！

なるほど、これなら勝てる。オレでも勝てる、完璧な作戦だ。

だけどここで重要なのは、**犬と猿ときじの誰かが欠けても勝てなかったってこと。**

あの3匹が道すがら出てくるのもすごい偶然だけど、きび団子を持っていたのがまた絶妙だった。

つまり、犬も猿もきじも、そしてきび団子も、なにかひとつが欠けても鬼退治は成功しなかったわけ。**桃太郎の運のよさ、ハンパない！**

桃太郎の運のよさ、ハンパない！

運を与える「宇宙の計算」

では、この話のどこに、願いをかなえるための重要なメカニズムが組み込まれているのだろう。

桃太郎は鬼ヶ島で鬼を退治することを望んだ。そして鬼ヶ島に向かった。

プロローグでもお話ししたけど、運の流れに乗る条件、「1．望むべき方向を向いている」「2．望むべき方に向けて動いている」の、2つを満たしている。

そのとき、**宇宙全体の協力、つまり運が味方して、犬・猿・きじを連れてきてくれたので、家来にすることができた。**

ここからは『桃太郎』の深読みだけど、おじいさん、おばあさんは、鬼ヶ島に行く途中の道で、きび団子好きの犬と猿ときじがいることを知っていたはずだ。

しかも、それなりに使えるヤツらってことも。

そうでないと、さすがに桃太郎ひとりで鬼ヶ島なんかに行かせない。

犬と猿ときじと力をあわせることで、なんとか鬼を倒せることを知っていたから
こそ、きび団子を持たせて行かせたんだ。
だけど、そのことを桃太郎自身は知らなかった。

この話でわかるのは、桃太郎が鬼を退治できたのは「運」がよかったからである
と同時に、**運を与える「宇宙の計算」がしっかりなされていたこと**。
では、ここで「計算」をする「宇宙」とはなにか。
それがまさに「おじいさん」「おばあさん」だったわけ。

願い＝鬼退治をする
運　＝犬と猿ときじに出会えた
宇宙＝おじいさん、おばあさん
計算＝途中の道にきび団子好きな犬・猿・きじがいることを知っている

願いをかなえるには、運が大切。

だけど、その運はけっして偶然なんかではなく「宇宙の計算」によって用意されたもの。

ビジネスの成功者にその理由を尋ねると、「運がよかったから」という答えをよく聞く。もちろんビジネスで成功するための能力、準備、戦略、行動があってこその成果には違いない。

だけど、「運がよかったから」という言葉にウソがないのもまた事実。

仕事にせよ恋愛にせよなんにせよ、必ずしも思った通りにことは運ばないのは世の常。だから、やってみないとわからない。

その途中でピンチになることもめずらしくない。

それでも、数々のピンチを乗り越えて望み通りの結果を手にしたとき、**自分の力を超越した、文字通り「運」としか思えないなにかに助けられていたことに気がつくのだ。**

願いは宇宙方程式「Y＝aX＋b」でかなう！

ではここからは、「計算」をする主体である「宇宙」とはなにかについて説明しよう。

それは『桃太郎』でいえばおじいさん、おばあさん。

宇宙はすべて知っているし、そして絶対に裏切ることはない。

プロローグで惑星探査機ニューホライズンズの話をしたことを思い出してほしい。

地球から約48億キロも離れた冥王星にピンポイントで到達するには、普通の人には理解できない「専門家の計算」があったから。

同じように、願いがかなうとき、運としか思えない出来事が起こり、そして最終的にはきちんと実現へと到達する。

それもまた、願っている普通の人にはわからない「宇宙の計算」があったから。

そしてその計算方法はシンプルで、なんと中学校で習ったつぎの方程式がすべて。

Y＝aX＋b

それぞれの記号の意味は、

Y：結果

a：方向

X：行動・エネルギー

b：資源（元々の資質）

話を簡潔にするために、まずは収入で説明しよう。

たとえば、現在「月収30万円」の人が「月収50万円」を目指したとする。

この人は元々月収30万円だったので、「b（資源）＝30」。a（方向）とX（行動・エネルギー）で「Y（結果）＝50」まで上っていく必要がある。

このとき、「月収50万円」に向けて方向（角度）を決めるのが、まさにa（方向）。

月収30万円の人が
月収50万円を目指すためのａ（方向）は？

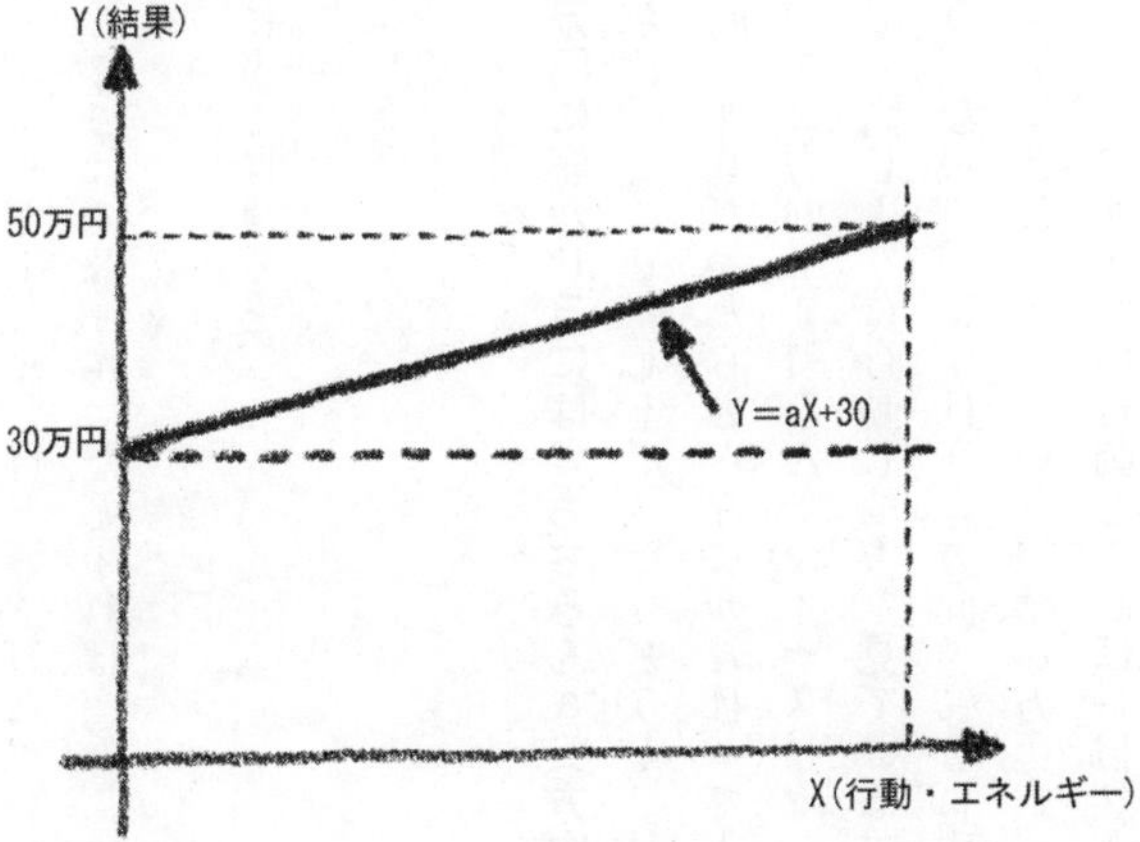

Xは行動・エネルギーなんだけど、それについては第二章でくわしく説明するとして、仮にここでは「X＝10」だとすれば、a（方向）がどうなれば月収50万円に届くのか。

方程式に当てはめると、

50＝10a＋30

月収50万円に届かせるには、もちろんa（方向）＝2になる。

しかしもし、ここでa＝1だったらどうか。月収40万円。

a（方向）＝0だったらどんなにがんばっても月収30万円で変わらず。

さらに、a（方向）＝-1なんてマイナスになるケースもある。

これまでと同じように行動しても、**見ている方向がマイナスなら、月収はダウンしてしまう。**なので、まずはa（方向）＝2にすること。

これで「Y＝2X＋30」という完璧な方程式が成り立ち、いままで通り「X（行動・エネルギー）＝10」の行動をすれば、自然と「月収50万円」になるわけだ。

桃太郎が鬼退治できた「宇宙の法則」

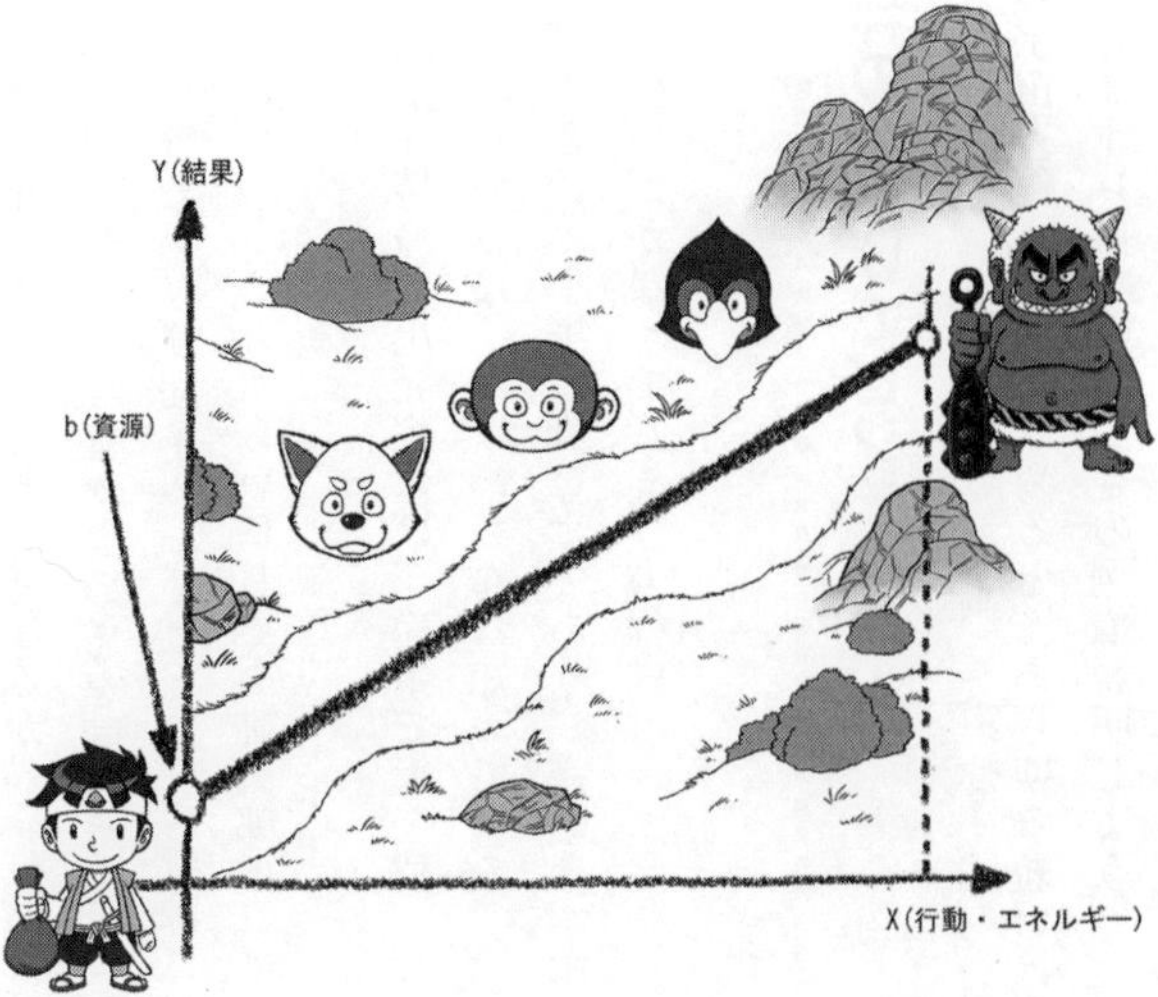

では、桃太郎の鬼退治だとどうなるか。

aは「方向」なので「鬼ヶ島の方を向いていること」。そしてXは「行動・エネルギー」なので「きび団子」。ここではb（資源）は「おじいさん、おばあさんに育てられた」ってことくらいにして、桃太郎は「Y（結果）＝鬼退治」を目指している。

きび団子を持って出発すれば、途中で犬・猿・きじと出会って鬼退治に成功することを、おじいさん、おばあさんは知っている。

これがまさに「宇宙の計算」であり、完璧な宇宙方程式。途中でなにがあろうとも、必ず願いがかなってしまう方程式。

七福神のおかげでピンチ脱出！

この宇宙方程式に当てはめると、あらゆる願いは実現してしまう。

たとえばオレ自身の、つぎの例で説明しよう。

「仕事が停滞しカードのキャッシングに手を出したとき、ある人との出会いから月収100万円を超えた」（2009年9月）

オレの願いはとにかく「フリーランスで生きていく！」ことだった。

一時的に調子のいいときもあったけど、2009年7月の段階ではセミナーやコーチングの仕事もかなり低迷して、貯金も少なくなっていた。

ついに家賃が払えなくなり、80万円をカードからキャッシングしてしまった。

そのとき、ある方法で「4か月で月収100万円を超えた男」の話を思い出し、藁《わら》にもすがる思いでそれに取り組むことにした。

通称、「改訂版アレ」。そのことについては、前作『夢がかなうとき、「なに」が起こっているのか？』にくわしいが、簡潔に言えば、願いを一定の手順に従って100日間書きつづける手法。

とにかく、そのときのオレにできる仕事はセミナーを開催して集客するのみ。

そこで目標を「9月の売上100万円」に設定。

そのためには、2日間でのべ50名を集める必要がある。

だけど、**8月に告知して10日が経過するが申し込みはたった2名。**このペースでいけば満員どころか開催自体も危ないじゃないか！

とにかく「改訂版アレ」を続けながら、がんばって呼びかけるしかない。

そして同時に、半ば神頼みのようにライフワークである21日間の滝行をスタートした。

8月8日から始め、3週間目の8月22日、滝行の導師が変なことを言ってきた。

「いま、君の滝を見ていたら『7』という数字が出てきた。なんだろうなあ。とりあえず『7』といえば『七福神』だから、残り1週間、七福神のご真言を7回ずつあげなさい」

よくわからないけど、導師の言うことには素直に従うのが修行の掟《おきて》だ。

さらに続けて、こんなことも言われた。

「七福神は海の向こうから富を持ってきてくれるから、頭の片隅にでも置いといて」

滝行の導師は幼いころからどうやら「見える人」らしくて、不思議な発言を何度も聞いたものだ。

そしてその日、滝行から帰る車内で、同乗者の男性になんとなく話しかけた。

「今日はこれからどうされるんですか？」

特にどうということもない雑談だが、彼は「阿部敏郎さんの講演会に行きますよ」と言う。

「阿部敏郎さん？　その人ブログ書いてる人ですよね。すごい人気の。へ～、オレも行こうかな」

結局、そのまま飛び込みで阿部氏の講演会に参加。思った以上に面白かった。

最後に質問もした。そして帰ってから感想をブログに書いた。

その質問を阿部氏は気に入ったのか、各地の講演会でオレが最後にした「質問」について、話題にしていたと聞いた。

さらに阿部氏のファンの人がオレのブログ記事を本人に紹介してくれた。

するとなんと、一日数万アクセスともいわれる阿部氏のブログ「いまここ塾（現在は「リーラ」）」で、オレのブログを大きく紹介してくれたのだ！　オレのブログアクセス数も一気に急増。

そして……気がつけばセミナーが満員になっていた！　阿部さん、ありがとう！

さらにふと思った。

「阿部さんって、沖縄の人なのか。七福神じゃないけど、まさに海の向こうから富を持ってきてくれた！　導師の言う通りだ！」

この話をチラッとブログに書いたところ、読者さんからこんなコメント。

「阿部さんは昔、『七福神』ってバンドをプロデュースしていましたよ」

阿部氏はいまでこそ（スピリチュアル系の）作家、講演家として活動されているが、昔は芸能界で多くのヒット作を手がける敏腕音楽プロデューサーでもあったのだ。

霊能者でもある滝行の導師が「7」という数字を見て、「七福神」の真言を唱えるよう言ってきた。

そしてその当日、オレにとっての七福神が本当にやってきたわけだ。

あのときのオレの「願い」は9月に月収100万円を超えること。

「Y＝aX＋b」のY（結果）がそれで、「改訂版アレ」によってしっかりと方程式にぶち込み、とにかく、強く強く願い、進みはじめた。

実際、長男が生まれたばかりにもかかわらず、生活はかなりピンチだった。

この場合のa（方向）は、「月収100万円！」と「改訂版アレ」で強く方向づけ。

X（行動・エネルギー）は、セミナーの呼びかけと滝行で、実際に動いていること。

b（資源）は現時点でのリソースなので「セミナーを開催できる」って事実。

結果として月収100万円は実現した。

桃太郎が鬼ヶ島に行く途中、犬・猿・きじと出会うように、オレも七福神と出会ってしまった。

いま振り返ると、それは最初から決まっていた「宇宙の計算」だったのだろう。

宇宙から降りてくる2種類のサイン

桃太郎にとっての犬・猿・きじ、そしてそのときのオレにとっての「七福神（つまり、阿部敏郎氏）」は、宇宙方程式にしっかり組み込まれていた。

一見「偶然」に見えるのだが、じつは方程式が成立した時点で出会うことは決まっていたのだ。

まるで「天の声」のような「偶然としか思えないような意味ある出会い」のことを、ここでは「サイン」と呼ぶことにしたい。

いま思うと、本当に運がよかった。成功者が成功の理由を「運がよかったから」と言うように、**願いがかなうとき、必ずそこに運がある。**

そして運がいいとき、必ず「サイン」を受け取っているものだ。

では、この「サイン」とはいったいどういうメカニズムなのだろうか。

そして願いをかなえるために、サインを意図的に引き寄せることは可能なのだろうか。

じつのところ、「七福神」の話などはその一例にすぎず、**オレ自身この10年間は、サインを受け取ることだけで願いをかなえてきた。**

そこで、まず「サイン」には2種類あることを知ってほしい。

ひとつ目が**「シンクロニシティ（シンクロ）」**。

2つ目は**「ヒラメキ」**である。

「シンクロ」とは「意味ある偶然の一致」の意味。

「電話をかけようと思った瞬間、その人から電話がかかってきた」
「カフェで隣に座っている人と、同じ本を読んでいた」
「一日に何度も同じシンボル（たとえば〝亀〟など）を目にする」

このような「一致」はシンクロであり、誰もが似たような経験をしているはずだ。

滝行の導師が「七福神」の話をしたその日に、海の向こうから「七福神」なるバンドをプロデュースしていた人物と出会い、それがきっかけとなって願いがかなった……などの事例もまさにシンクロ。

内側からわき出る「天の声」を聞け！

一方の「ヒラメキ」とはなにか。

「シンクロ」が主に外側からのサインであるのに対し、**「ヒラメキ」とは内側から出てくるサインのこと。**

たとえば、日本を代表するシンガーである徳永h明さんは、中学2年生のころ、下校時にいつもの河原を歩いていると、**突然、声を聞いた。**

「オマエは歌手になるんだよ」

不思議なまでに力強いその声に従い、親からギターを買ってもらい、学校の宿題で出された詩にメロディをつけ、曲を完成させた。

それが彼の歌手としてのキャリアのスタートであり、その曲はいまでもコンサートで歌っているという。

徳永さんご自身がテレビで話されていたエピソードだけど、「オマエは歌手になるんだよ」とは誰が言ったのか。

番組では「未来の自分の声だ」とも言っていたが、もちろん根拠のある話ではない。

ただ、言えることは**「オマエは歌手になるんだよ」という声が内側から聞こえ、それに従って歌手人生がスタートした**ということ。

理由も根拠もない。ただ、突然、聞こえたのだ。

オレにも似たような経験は何度もある。

2005年3月14日、仕事の打ち合わせに向かって車を運転していると、突然、**「もう会社を辞めていいよ」と聞こえてきた。**

あまりの力強さに「天の声」を感じ、「ここは神様に聞いてみよう」と思って赤信号で止まった交差点が、なんと「筑紫神社前」だった。シンクロだ。

客先には30分遅れると連絡をし、神社の境内で「コインを投げて表が出たら退職する」と宣言して、投げたら表が出た。

それでその日のうちに辞意を伝えてしまった。

それからオレの独立キャリアがスタートしたのだが、きっかけは「もう会社を辞めていいよ」という、内側からわき出る突然の声だった。

誤解しないでほしいのだけど、オレも、おそらく徳永さんも、なんらかの超越的な存在（守護霊など）が、物理的に耳打ちしたようなオカルトを体験したわけではない。

まるで「天の声」としか思えないような力強いメッセージが内側からわき出てきただけのこと。

この世界は、意識・潜在意識・超意識でできている

では、いったいその「天の声」はどっから来ているのか。つまり、ヒラメキとシンクロによる「サイン」は誰が発したものなのか。

結論から言うと、**サインは「宇宙＝超意識」から出てきたものである。**

オレたちの世界は3層の構造によって成り立っている。

それが以下の図に見る「意識—潜在意識—超意識」の3層構造。

地球上の72億人の全人類は53ページの図ひとつで完結している。

「意識」界

「意識」の世界では「言葉」がすべて。

人同士のコミュニケーションもすべて言葉を介して行われる。

「気分はどうですか？」と聞いたら、「いい」か「悪い」かは言葉でしか答えられない。


しかし言うまでもなく**言葉は、極めて限定されたコミュニケーションツール。**

たとえば「砂糖」を言葉で説明することはできると思う。

甘いとか白いとか。だけど、「甘い」を言葉で説明することはできるだろうか？

砂糖を知らない人に対して、「甘い」を共有できるような表現はあるだろうか？

それよりも、なにも言わずに砂糖を食べてもらった方が、甘さを理解できるわけでしょ。言葉って本当に不自由だ。

「潜在意識」界

「意識」界に対して「潜在意識」の世界では「感覚」がすべて。

砂糖の甘さも感覚で理解できる。

意識・潜在意識・超意識の構造

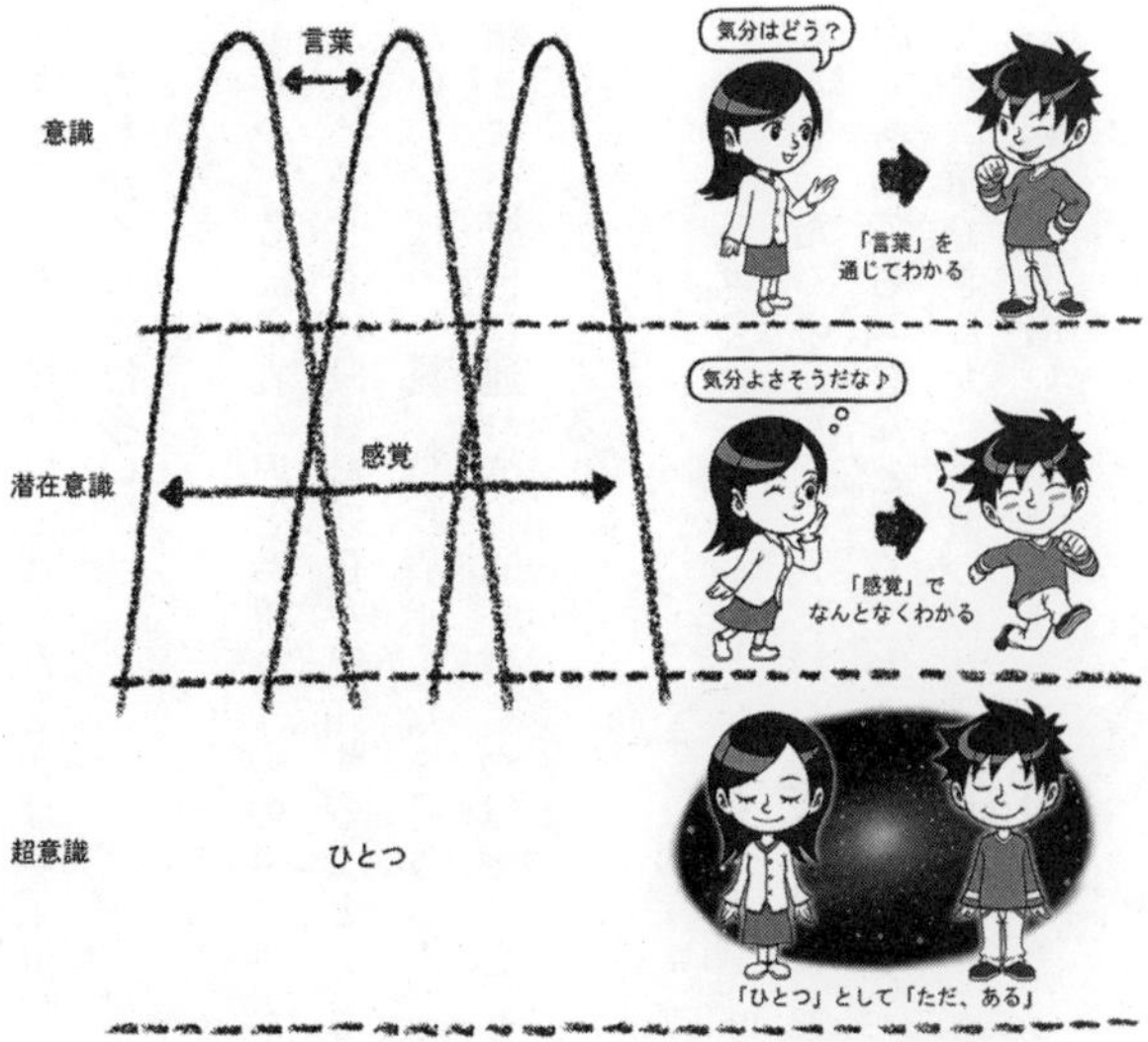

コミュニケーションにおいては、たとえば「気分はどうですか？」と言葉にして聞かずともわかることは多い。

言葉をしゃべる前の乳幼児とお母さんとのコミュニケーションなどがそうだ。お母さんは子どもの微妙な変化を察知することで、体調や気分を見ている。熱もないし、ぱっと見、特に異常もなさそう。だけど「なんとなく変だ」という感覚を頼りに小児科に連れて行くと、じつは……ということがあり、それで大病を未然に防ぐことだってある。

この感覚によるコミュニケーションは、親子だけでなく、夫婦、友達など近しい関係から、まったくの初対面の人に対しても普段から行われている。

初対面であっても「なんとなく」わかることは多い。

この人は信頼できるか、正直か、危害を加えないかなどは、多くの人と出会うことでその「感覚」を磨いていけるようになる。

また、オレの知人の話だが、単なる風邪と思って病院に行ったところ、たしかにカルテ上は風邪の症状だった。でもベテラン医師が「なんとなく変だ」と感じて精密検査をしたところ、リンパのガンであることがわかった。

おかげでその知人は早期から治療を受け、完治することができた。

もしカルテや患者の言葉だけを頼りに診察していたら、取り返しのつかないことになっていたかもしれない。ベテラン医師の感覚が、患者の深い情報を読み取ったのだ。

さらには、いわゆるシャーマンと呼ばれるような特殊な能力を持つ人たちも、その鋭敏な「感覚」によって、遠く離れた会ったこともないような人たちの情報を読み取ることができる。

それはけっしてオカルトな能力なんかではなく、お母さんが我が子の状態を見ることの延長のようなものだ。

「感覚」を研ぎ澄ませば研ぎ澄ますほど、情報は自分自身から隣人、そして世界全

体へと広がっていく。

その「感覚」が場合によっては、予知や予言のようなものまで可能にするわけで、実際、世界にはそのような逸話が多く残されている。

世界は潜在意識ですべてつながっているのだから。

「超意識」界

では、さらに「超意識」とはなんなのか。超意識を言い換える言葉はじつはたくさんある。

神（カミ、ゴッド、アッラーなど）、**仏**、**宇宙**、**天使**、**魂**、**ワンネス**、**守護霊**、ハイヤーセルフ、アカシックレコードなどがそう。

宗教や文化、個人によって呼び名はさまざまだが、人間や現世を超越した存在であることは一致している。

潜在意識の世界において、一人ひとりは「つながっている」と表現できたが、**超**

意識の世界は「つながり」そのものを超越して、完全なる「ひとつ」として、「ただ、ある」。

それはこの宇宙の情報そのものといってもよく、無限のインスピレーションに満ちた世界。


歴史上の「天才」と呼ばれる人物は、それまでの常識からかけ離れた発想をするが、**その情報源はすべて超意識からのもの。**

エジソンが、「天才とは1％のヒラメキと99％の汗によってできている」と言った、その「1％のヒラメキ」こそが超意識からの情報。

そしてその情報は、なにも天才にのみ与えられた特権ではなく、**オレたち一人ひとりが常に「ひとつ」として、メッセージを受け取っている。**

それがまさにサイン。

徳永h明さんの「オマエは歌手になるんだよ」、オレの「もう会社を辞めていいよ」みたいな突然の声も、まさに「超意識」からのサインってわけだ。

潜在意識はお母さん、超意識はお父さん?!

「おまえが何かを望むときには、宇宙全体が協力して、それを実現するために助けてくれるのだよ」

これは、パウロ・コエーリョの『アルケミスト』からの言葉。

ここで「宇宙全体の協力」と呼ばれているものが、まさに超意識のサイン。

では、ここからさらに超意識の世界に入っていきたい。そのためには、意識と潜在意識との関係についても、もう少しくわしく触れる必要がある。

「意識」「潜在意識」「超意識」の関係は、それぞれ「子ども」「母親」「父親」の間柄によく似ている。

たとえば、オレは大学卒業後、9か月かけて世界を放浪してしまったのだが、そうなると就職に有利な新卒カードを捨てることになる。

放浪の旅に出てなにかが得られるわけじゃない。まっとうな人生を歩むにはリスクが高すぎる。

そこで、オレの将来を案じる母親は放浪の旅に出るのを止めるわけだ。できればそんな冒険はせずに、順当に安全な道を進んでほしいと願う。ま、それが親心というものだろう。

ただ、その一方で父親はオレの決断に対してなにも言わなかった。むしろ積極的に放浪を勧めるような口ぶりでさえある。

そうなると、母親は父親に対し文句を言うものだ。「大切な我が子の将来をぶち壊すようなことを言わないでもらいたい」と。

たしかにそれは正論だし、父親は黙るしかなくなる。

しかし、いま振り返ると、あの放浪があってこそいまのオレがある。

結局、母親の反対を振りきって放浪の旅に出たのだが、あのときもし、父親も一緒に反対していたら行ってなかったかも。

たしかに、放浪の旅から帰ってからかなり苦労した。就職できず、ニートになり、なんとか月収12万円の契約社員になり、ワープアでこき使われ。

あのとき放浪の旅になど行かず普通に就職していたら……。母親の言うことを聞いとけばよかったのか……。

ここに意識、潜在意識、超意識の関係が読み取れる。

意識　　：子ども＝純粋に願う
潜在意識：母親　＝子どもの安全を求めてブレーキをかける
超意識　：父親　＝子どもの成長のためにサインを送る

では、ここでわかりやすく意識、潜在意識、超意識を擬人化してドラマ仕立てで見てみよう。

(子ども・意識)「お母さん、オレ、会社辞めて起業しようと思うんだ」

(母親・潜在意識)「なに言ってんの！　せっかくいい会社に勤めているんだし、起業なんかしてもうまくいくはずないじゃない！　結婚して子どもでもできたらどうするつもり？　会社を辞めたら家のローンだって組めないし、不安定な収入で家族を養っていけるの？　いまの会社でいいじゃない。バカなこと考えないで！」

「う～ん、それもそうだけど……オレもやりたいことがあるんだ……」

「もう、バカな考えを起こすのはやめなさい！　お父さんもなんとか言ってあげてください！」

(父親・超意識)「そうだな……オマエの人生だし、起業するのもいいかもしれ……」

「お父さん!!!!　あなたまでそんなこと言って！　この子の人生考えているの？　起業してあなたが面倒見られるわけじゃないでしょ！　いい加減なこと言わないで！」

「ま、それもそうだけど……ただ……」

「ただなによ！　なにが不満なの？　がんばっていい会社に入って、せっかくお母さん安心しているのに、変な気を起こさせるようなこと言わないで！」

「それはそうだけど……」

「はい！　この話はおしまい！　会社を辞めるなんて、お母さん、許しませんからね！」

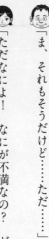

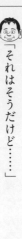

「う、うん……」

子どもは単純に願う存在。

それに対して、**母親は子どもを守るためによかれと思って反対する。**

子どもは、それもそうだなあと思って母親に従うことも多い。

その一方で、**父親は子どもにたくましく育ってほしいから、あえて冒険を勧めたりもする。**

ただし、母親と父親が言い合いをしたら、どうしても母親の方が弁は立つため、父親は黙ってしまう。

同じように、**意識は言葉によって願いを立てる。**

右の会話のように「起業したい」などと。

そうなると、**潜在意識は起業なんて危険なことをさせまいと、必死でブレーキを**

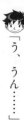

かけてくる。意識はそれもそうだと思い躊躇《ちゅうちょ》する。

そして多くの場合、安定した生活のまま過ぎていくわけだが、思わず妄想してしまうこともある。「ああ、起業したらもっと収入が上がるし、自由にできて楽しいだろうな」とか。

そうしていると、ちょくちょく起業に関する情報が入ってきたり、実際に起業して成功している人と会ったりする。

そうやって再び起業へと触手が伸びていくのだが、それが超意識のサイン。

すると、心がザワつきはじめる。「起業しちゃおうか！」と思う。

だけども、一晩寝るとまた潜在意識の力が強くなって、起業なんて夢を見るのはやめようと安定に走ってしまう。

超意識のサインは、いつも潜在意識に打ち消されてしまうわけだ。

こう見ると、潜在意識はまるで人の夢を壊す悪者のように感じてしまうが、けっしてそうではない。

意識・潜在意識・超意識は、子ども・母親・父親の関係

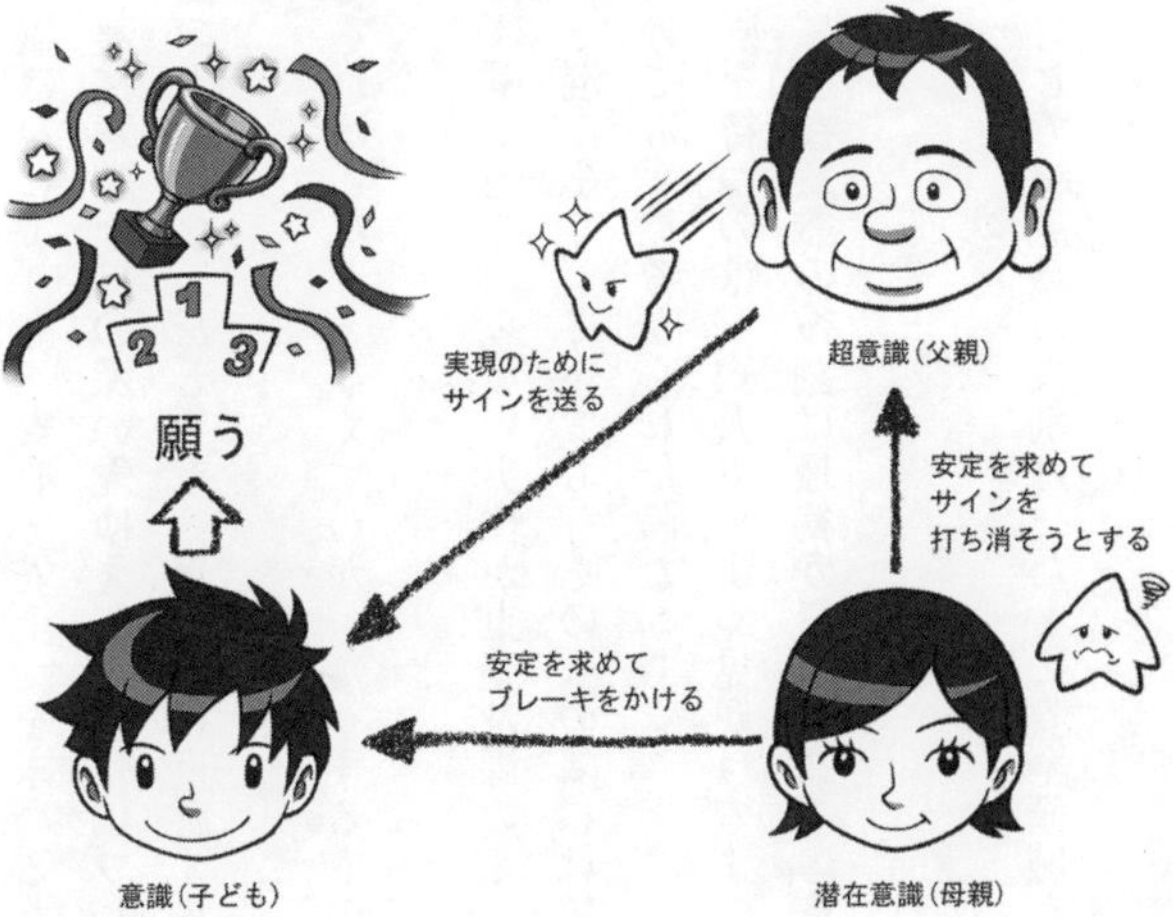

潜在意識はなによりも「安心・安全」を求めるため、危険なことをさせたくない。つまり、**潜在意識なりの深い愛ゆえに、変化にブレーキをかけてしまうのだ。**

初対面の人と出会ったときも、真っ先に反応するのが、その人が安全か危険かでしょ。

そしてそれは「なんとなく」わかったりするもの。

たとえば電車内で知らない男性が上半身裸のネクタイ姿で座っていたら、たとえ満員電車で混みまくっていても、その人の隣には絶対に座りたくない。黙って座っているだけでも、見るからに危険だから。

逆に好感を持つのは、知人や、よく見かけるようないわゆる安心できる人に限る。

つまり、**潜在意識の役割は最初から最後まで「安心・安全」を守ることだ**と理解しよう。

それに対して超意識の役割は、たとえ安全領域から脱することがあっても、成長へと導くこと。

むしろ、**「現状」という名の安全領域を突き抜けることなしに成長することは難しい。**

願いをかなえるには変化するしかない。

月収30万円が50万円になるのも変化だし、独身者が結婚するのも変化。会社を辞めて起業するのも変化。

変化するにはそれなりに大変なこともあるけど、だからこそ成長する。

成長をサポートするためにサインを送るのがまさに超意識なわけ。

サインを受け取る人、見逃す人

桃太郎のおじいさん、おばあさんは、桃太郎の力を信じていたから鬼ヶ島行きを許した。

同時にそれは、途中に犬・猿・きじがいることを知っていたから。

そして桃太郎はまず人に会った。犬はきび団子が欲しいと言う。桃太郎が偉かったのは、ここで大切なエネルギー源であるきび団子をあげたこと。本当はもったいない。

さらに犬を家来にした。使えるどころか足手まといになりそうなのに。

だけど、**これが願いをかなえる人と、かなえない人との違い**。

つまり、超意識のサインを受け取る人と、そうでない人との違い。

たしかに最初から「これは超意識のサインだ！」と知っていたら、誰だって受け取るでしょ。だけど、残念なことに、それがなかなかわからない。

犬が「きび団子くれ！」と言ってきても、その犬が使えるヤツかどうかなんてわからない。そうやって、多くの人はサインを見逃してしまう。

徳永h明さんは「オマエは歌手になるんだよ」って超意識のサインに気がつくことができた。

だけど、そこで「まさか〜、オレ、歌とか歌わね〜し」とか言ってたら、いまの徳永h明はない。

オレだって、「もう会社を辞めていいよ」って声を無視して、苦しくても毎月の給料をもらえる会社にしがみついていたら、いまのオレはない。

滝行の帰りに、「阿部敏郎さんの講演会に行きますよ」って声を無視したら、やはりいまのオレはないでしょう。


つまり、振り返ってみると、**数々のサインがパズルのピースのようにパカパカとはまって、それで望ましい現実を作っている。**

だけど、一つひとつを無視していたらこうはならない。

こう言うと、ようはうまくいった人だけが、あとからあーだこーだ都合よく理屈づけしているだけに聞こえるかもしれない。

本当に大切なのは、**「これから願いをかなえること」**、そして**「そのためのサインを受け取ること」**じゃないですか。

では、どうすればサインをサインだと気づき、それをきちんと受け取ることができるのか。はい、その話をいまからするんです。

願いをかなえるには、まずは願いを明確にする必要がある。

それが「願いをかなえる宇宙方程式（Y＝aX＋b）」だった。

願いを明確にして、それを強く強くイメージすることで方程式が成立する。

そこで思い出してほしいのが潜在意識と超意識の関係。

サインは超意識からやってくる。

だけど、潜在意識は成長なんかより、いままで通りの安全な暮らしをしてほしいわけでしょ。だから**潜在意識はことごとくサインを打ち消してくる。**


つまり潜在意識と超意識はだいたいにおいて対立しているわけ。

だけども、知っていてほしい。**超意識は常にあなたを成長させたがっているって**ことを。だから、いつもいつもサインを送ってきている。

シンクロやヒラメキを通して送っている。

サインの正体はザワツキだった！

では、どうすればサインがサインだと気づき、実行に移せるのか。

2013年12月某日、大阪在住の経営コンサルタント・東川仁さんらと飲んでいたときのこと。なんの拍子だったか、東川さんは突然、こんなことを言ってきた。

「石田さんも『R-1』出たらよろしいやん」

「R-1」とは「R-1ぐらんぷり」のことで、テレビで見たことのある人も多いと思う。

お笑いピン芸人日本一を決める大会のこと。

じつはプロの芸人でなくとも、応募用紙さえ提出すれば誰だって出場できるもの。

そのときは、「いや～、それはないですよ～」と即座に拒否したのだけど、どうも気になってしまう。

別の話に移ってからも気になっている。

なぜか心の「ザワツキ」が消えない。

家に帰って調べてみると、ちょうど出場者を募集していた。

このザワツキをどう説明すればいいのか。これを消すにはどうすれば……。

最終的に、「エイヤ！」と応募用紙を提出。するとザワツキは消えたものの、それから実際に出場するまで、吐き気がするほどのストレス。

年が明け1月、それでもなんとかネタを作り、人前で披露したんだけど、**その瞬間、オレの中でなにかがぶっ壊れた。**

「もう、なんでもありだ!!!」

自分に制限をかけているなにかが確実に外れて、安全領域をぶち破った！

その年は、もう、ものすごい1年だった。

願いがつぎつぎとかない、著書もベストセラー！

「R-1に出場しろ」。それをオレに言った本人にとっては何気ない一言だったんでしょう。だけど、それを聞いてしまったオレはザワツキを隠せなかった。

そして実際、本番が近づくと、ストレスで本当に吐いてしまった。

そして出場した。弾けた。

いま思うと、あれは間違いなく超意識からのサイン。

つまり、**サインが超意識からのサインであるとき、そこには「ザワツキ」がやってくる。**

「ザワツキ」は潜在意識と超意識の摩擦によって生じるもの。

もしあのとき、「石田さんもフラダンス習ったらよろしいやん」と言われても、なにも反応ないはず。最初から興味ないからね。

だけど、「R-1ぐらんぷり」は気になってしまう。

元々お笑い番組が好きだし、セミナー講師として人前に立つ機会が多いだけに、

「笑い」の大切さは常々感じていたから。

逆にあなたはいま、「R-1」と聞いてザワつきます？

ザワついたらなにかあると思っていいけど、多くの場合そうじゃないでしょ？であれば、それはサインじゃない。だけどもし、フラダンスと聞いてザワツキがやってきたら、それはサインかも。

もう一度言うけど、**サインにはザワツキがつきもの。**

そのザワツキは潜在意識と超意識の摩擦によって生じている。

その意味では、オレがこれまでサインだと思ったものは、ほぼすべてがザワついていた。

会社を辞めたとき、七福神のとき、就職しないで放浪に出たとき。

シンクロだったり、ヒラメキだったりするけど、いまでもありありと覚えているくらいザワつき、摩擦で熱くなっていたものだ。

めざまし時計のスヌーズ機能のように大きくなっていく

「『R-1』に出ろ」って言われたのはその1回だけだったけど、強烈にザワついた。

だけど、それだけザワつくってことは、普段から心のどこかにあったのかも。

通常、**同じ言葉を何度も言われる「シンクロ」を経験して、それがザワツキになることが多い。**

友人の福田孝史さんは、広島で整骨院を開業している。

開業した当初は月の手取りが10万円にも届かなかった。

ただ、腕はたしかで、信頼性も抜群だった。

一方で、本当にやりたい施術があるんだけど、それをすると自由診療扱いとなってしまうジレンマがあった。

自由診療だと健康保険が利かないので、患者さんにそれだけ負担をかけてしまう……ということは、イコール来院者が減ることを意味し、ますます生活が厳しくなるから。

そんな折、もう、いろんな人から言われたそうだ。

「自由診療にしたらどうですか？」と。

短い期間に30回は言われ、いつも考えてしまう。葛藤で眠れなくなることも。

つまり、ザワツキがどんどん大きくなっているのだ。**まるでめざまし時計のスヌーズ機能のように、ザワツキがどんどん大きくなる。**

最後の最後に「逆らえない人」から言われてしまい、もう決断するしかなくなった。

自由診療として再スタート。

その後、**瞬く間に来院者が急増し、結果的には保険診療時代と比べて売上が10倍になった。**

同じことを何度も言われるのは、まさにシンクロであるが、それがサインであるとき、間違いなくザワツキが大きくなっている。

ヒラメキであれ、シンクロであれ、それが超意識のサインであればザワツキがシグナルとなっているものだ。

思えば桃太郎だって、犬や猿やきじにザワついたのだろう。

イノシシやヘビにはザワつかなかったけど、ヤツらにはザワついた。

オレだったらイノシシを連れて行きそうだけど、桃太郎はそうはしなかった。

だから、鬼を退治することができたんだ。

さて、「いま」、あなたはなにかにザワついていませんか？

「〇〇やったらよろしいやん」（※好きな地域の言葉に変換だ！）

という言葉を投げかけよう。

ここでの「〇〇」にパッと入ってしまうもの。ひとつや2つはあるはずだ。

たとえば、つぎのようなこと。

- 友人に借りていたものを返していない
- 本当は感謝しているのに、意地を張って「ありがとう」を伝えてない
- 部屋がめちゃめちゃ散らかっているのに放置している
- ずっと前からインドが呼んでいるのに、行く勇気を出せないでいる
- 書き上げた小説、いつでも応募できるのに、落選が怖くて出せないでいる
- ボクシングを習いたいと思っているのに、なにかと理由をつけて見学にも行ってない
- 会社を辞める流れが来ているのに、収入が減るのが怖くて辞められない
- 結婚する人はこの人だと決めているのに、プロポーズのタイミングがつかめない
- なんか身体に不調があるのに、忙しいのと怖いのとで検査に行ってない
- ほとんど会話もない旦那と別れて人生をやり直したいけど、ずるずるその状態を続けている

……などなど。**もしザワツキがあれば、それは「変化＝成長」のサイン。**

問題解決であれ、願望実現であれ、「変化」に直面したとき、必ずザワツキがや

ってくる。

恐怖！　ザワツキを放置した結果……

このザワツキを処理しないで、放置しているとどうなるのか？

ゴミの周りにゴミが集まるように、どんどん大きくなってくる。

透き通った水が淀《よど》み、青空に黒い雲が広がるように……。

オレが小学生のころ、ある夏休みの出来事。

家族旅行で海に行ったのだけど、宿泊先の旅館で見事なサザエが出てきた。

実物を見るのは初めてで、そのフォルムに惹かれてどうしても欲しくなった。

そして中身をすべて食べてから、４つの貝殻を大事に持ち帰ることにした。

最高の宝物だ。

しかし、まもなくそれが悩みになってきた。

なぜなら、貝殻をきちんと洗ってなかったのか、サザエを入れている引き出しが臭くなってきたのだ。

せっかく持って帰ってきた宝物。捨てるに捨てられないが、引き出しを開けるのも怖い。

二学期になって学校で授業を受けているときも、引き出しの中のサザエが気になって仕方ない。夜も眠れない。

そうなると、勉強に身が入らないし、遊びにも集中できない。親から叱られることも増えてきた。

「ぜ〜んぶ、サザエのせいだ！」

いま思うと、運のバイオリズムは完全に低下していたのだろう。

しばらく悩みまくったものの、もう意を決して行動に出ることに。

そう、サザエを捨てたのだ！

するとスッキリ。それ以来、調子を取り戻した。

30年以上も前の話をいまでも覚えているくらい、よっぽどザワつき、ストレスになっていたのだろう。

子どもならではのアホな話ではあるけど、必ずしも笑ってばかりはいられない。

もしいま、あなたの頭の片隅に**気になって仕方ないこと、考えたくないようなザワツキが起こっているのであれば**……。

それは間違いなくサザエがそばにある！

引き出しの中のサザエがどんどんヤバくなるように、あなたの中の**「サザエ＝ザワツキ」もどんどん悪臭を放ち、運気を奪っているかもしれない。**

「すべてはサザエのせいだ！」と言わんばかりに、あなたのやることなすことすべてが裏目に出て、足を引っ張っているのかもしれない。

人生を加速させるザワツキの片付け

このザワツキには2種類ある。

それは「やるべきこと=問題解決」と「やりたいこと=願望実現」に向けたザワツキ。

とにかく、放置していてもいいことはない。

このザワツキを消すには、結局、動くしかない。

そもそもザワツキをずっと抱えているって、人間にとって不自然なこと。

近藤麻理恵さんは『人生がときめく片づけの魔法』でこう言っている。

「片づけをする本当の目的は、究極に自然な状態で生きることだと、私は思います。だって、ときめかないモノを持っていたり、必要のないモノを持っていたりするのは、不自然な状態だと思いませんか。ときめくモノだけ、必要なモノだけを持っている状態こそが、自然な状態だと思います。

だから、片づけをすることで、人は自然体で生きられると思うのです。」

ここでは「部屋の片付け」がテーマになっているのだけど、それは「心の片付け」も同じこと。

つまり、もっとも自然で、自分らしい生き方って、心のザワツキが片付いている状態のこと。

「やるべきこと」と「やりたいこと」を片付け、より自分らしく自然な状態へと成長するために、ここからはザワツキを言葉にしていきたい。

そのためには、**「書く」ことからスタート。**

心のザワツキを「見える化」することで片付けが始まり、人生が一気に加速するのだから。まず、ペンを持って次ページのチャートに取り組もう。

「お金」「恋愛・結婚」「健康」「人間関係」「仕事・キャリア」「趣味・ライフワー

心のザワツキを「見える化」しよう

	やるべきこと（問題解決）	やりたいこと（願望実現）
お金		
恋愛・結婚		
健康		
人間関係		
仕事・キャリア		
趣味・ライフワーク		

ク」の6つの部門について、**「やるべきこと（問題解決）」と「やりたいこと（願望実現）」を殴り書きしていくのだ。**

たとえば「お金」の「やるべきこと」としては、借金返済、家計簿をつける、不要なカードの解約などが挙げられるかもしれない。

また、「やりたいこと」としては投資、お金の本を読む、カードのランクアップなど、いろいろ思いつくはずだ。

これは深く考えても意味がない。思いつかなければ空白にしておけばいい。ペンを取って、**6つの部門を見た瞬間にパッと出てくる単語・文章を書けばいい。**

名詞でも動詞でも形容詞でもいい。

とにかく書き出してみよう。頭の中の「ザワツキ＝ガラクタ」を一気に出す感じだ。

もちろん完璧を求めなくていいし、あとから思い出して付け足してもいい。

まずはいま、思いついたことを書き出していこう。

ザワツキを書き出すことで「天の声」がやってくる準備ができる

……どうです？　書いた瞬間、世界が広がった感じがするはず。

それが書くことのパワー。

ただ、この作業は本当の意味での「サイン＝天の声」を受け取るための準備でしかない。

いま書いた6つの部門のザワツキについては、**「書く」ことだけに意味があって、いまここで解決するものではない。**

ではここで、桃太郎が「鬼ヶ島」へと目標を設定したように、**あなたがいま一番思い描いている願い、または解決したい問題をひとつだけ書いてみよう。**

これもまた書くだけでいい。

なぜなら、**「願いをかなえる宇宙方程式（Y＝aX＋b）」のa（方向）を定めることが目的**だから。

ここで方向を定めて動きはじめると、桃太郎が途中で犬・猿・きじと出会ったように、**超意識（宇宙）からのサインを受け取ることになる。**

もちろん先ほど書いてもらったザワツキの中に、サインが潜んでいることもあるけど、それはそれでやることがより鮮明になるだろう。

成長を促す超意識からのサインに出会うと、どうしても現状を守る潜在意識との摩擦が生じて、心と身体にザワツキが起こりはじめる。

そしてその**ザワツキを行動によって処理していくことが、願望実現を加速させる上で不可欠だ。**

ただ、サインはいつやってくるかわからない。

実際、「サインがやってこないので行動に移せません」と言う人もいる。

待っていてもいいけど、もしかしたら「一刻も早くかなえたい！」って人も多いと思う。

そこで、サインを受け取るためにつぎの3つの方法を紹介しよう。

1．ストレスの力を活用する
2．ザワツキの中からシンボルを取り出す
3．素直になる

ストレスのあとには願望実現の「答え」がやってくる！

まず、「1．ストレスの力を活用する」から説明しよう。

会社を辞めて2、3年たったころ、いまのように生活は安定しておらず、毎日が綱渡り状態だった。

滝行と同じく、ちょっとした習慣があった。

それは、**月に3回山に登ること**。その山も決まっていて、太宰府市にある「宝満山」という、歴史的に山伏《やまぶし》の修行の場として知られる山。

そこは標高830メートルと割と手軽ながら、急な坂道・階段が延々と続くのでかなりの健脚向け。運動不足だと、途中で引き返す人も少なくない。

オレはそこになにをしに行っていたかというと、まさに**超意識からのサインを受け取るため**。

麓から頂上まで約90分。その間、一歩一歩進みながら、**「どうすれば……」と質問しまくる**。

もっぱら、お金に関する質問。月末の家賃を払うには、セミナーの集客をするには、もっと魅力的なコンテンツを創るには……。とにかく自分に質問しまくる。

登っている間は無理して答えを導き出す必要はない。

なんとか登頂し、頂上で新鮮な空気を吸いながらリラックス。

いい気分だ。そのあと、足下にだけ気をつけながら下山する。

すると、**まず間違いなく質問の答え、つまりサインを受け取ることができて、これまで何度もピンチを脱することができた。**

ここでのメカニズムはこう。

・登る　↓　ストレス
・下る　↓　リラックス

願望実現の最大の肝は「ストレス→リラックス」のプロセスにあり、その究極のリラックスのことを「さとり」という。

ストレスをかけながら願ったものは、リラックスに転じたときにかなう。

リラックスとは力を抜くことであり、「手放す」や「忘れる」とも表現される。

前作『夢がかなうとき、「なに」が起こっているのか?』では、「息を止めている間に、願望をイメージする、そして吐く」という願望実現の普遍的なメカニズムを紹介した。

ここでの「息を止める」がストレスとなり、そこから「吐く」ことでリラックスに転じるという理屈だ。

これと同じように、**ストレス状態で「質問」を繰り返すと、それがリラックスに転じた瞬間、「答え」がやってくる。**

それは唐突にやってくる、まさしくヒラメキだ。

ちなみにだけど、宝満山には**九州を代表する会社（交通や明太子など）の社長たちがよく登っている。**

もしかしたらこのメカニズムを事業に活用しているのかも。

「宝満山」のような手頃な山が近くにあれば大いに活用してもらいたいが、そうでない場合は、**ただ「歩く」だけでもいい。**

『純粋理性批判』などで知られるドイツの大哲学者イマヌエル・カントは毎日決まった時間に散歩をしていた。

おそらくそれによって哲学的叡智《えいち》を宇宙からダウンロードしていたのだろう。

同じく日本を代表する哲学者、西田幾多郎は毎日同じコースを散歩しており、そこはいま、「哲学の道」として観光名所にもなっている。


登山にせよ、散歩にせよ、自分のペースで適度にストレスをかけることで、多くの人はヒラメキを得ていたのだろう。

だから、**困ったら登ろう、歩こう。**

そしてその間で出てきたヒラメキの声をけっして聞き逃すことのないように。

成功をあと押ししてくれるシンボルを見つけよう

サインを受け取る2つ目の方法「2．ザワツキの中からシンボルを取り出す」。

これは、もしかしたらちょっと特殊に感じるかもしれない。

まず実体験だけど、宮崎県高千穂町に「秋元神社」というおよそ異次元としか思えない不思議な神社がある。

ある日、その神社を訪れ、静かに瞑想《めいそう》にふけっているとき、ビジネス上の方向性についての迷いが出てきた。その方向に進むべきか、留まるべきか。

瞑想を終え、目を開けると1匹のトカゲが目に飛び込んできた。

オレと目があったと思った瞬間、座っている足下にサッと潜り込んだ。

そのとき、なぜか滝行の導師と久高島（沖縄県）のシャーマンの言葉を思い出した。

「ヘビは弁財天様のお使いだから、財を運んできてくれるよ」（導師の言葉）

「ヘビと会ったら財運が上がるから感謝しなさい」（シャーマンの言葉）

ヘビとトカゲでは微妙に違う。

だけど、オレは安全性の面から、あえてヘビではなくトカゲをつかわしたと直感的に解釈した（笑）。

そのトカゲに向かって「ありがとうございます」と手をあわせた。

すると、足下に潜ったはずのトカゲは姿を消していた。

その1週間後、**進むべきビジネスの電話がかかってきて、急進展した。**


それ以来、オレにとって**ヘビやトカゲは仕事がうまくいくシンボルとなった。**

山登りや散歩のときに出会うと「ありがとうございます！」と手をあわせてテンションを上げることにしている。

そのシンボルはまるで超意識が成功をあと押ししてくれるように感じ、間違いなくうまくいくのだ。


では、どうすればシンボルと出会えるのか。

これは「感覚（潜在意識）」をイメージの世界で処理するちょっとしたワークで、誰もが簡単に出会えるので、次の通りやってみるといい。

①願いを明確にして、それがかなったときをイメージすると、潜在意識が「変化」を察し、身体のどこかにザワツキが発生する

②そのザワツキを身体から取り出して目の前に置き（もちろんイメージ）、ザワツキの「色、大きさ、形、重さ、温度、手触り、におい」などを五感で確認する

③そのザワツキを左右上下のいずれかに回転させ、そのスピードを速くしたり遅くしたり、向きを変えたりして、回転をマックスまで速めて遠心分離器でザワツキをこっぱみじんにする

④そこに残ったシンボルを見つめる（パッと見えたもの、思いついたものがそれ）

友人の冨樫功さんは、10年前は投資系ニートだった。

いよいよ資金がなくなったとき、とりあえず期間限定のテレアポのアルバイトに

自分の「シンボル」を見つける方法

行ったのだが、そこが暇な仕事場で隣の人と雑談ばかりしていた。

すると、なにかの話から、隣の人が「大卒だったら中国で日本語の教師できるんですよ」と言うので、なぜか飛びついてしまった。

その2週間後には本当に中国に行って、2年間日本語教師を経験。

ニートなので時間は腐るほどあったからだ。

そして、中国で食べた「肉まん」が驚くほどおいしく、「帰国したら肉まん屋をやろう」となぜか決意。

帰国後、いくつかの仕事を経験し、いよいよ肉まん屋を開業しようかと考えはじめたとき、先ほどのワークを体験。出てきたシンボルは「雪の結晶」だった。

後日、いつものように肉まんの試作品を作っているとき、何気なくフライパンの裏を見たら、「雪の結晶」のマークが大きくプリントされていた。

そう、シンクロだ。

その3か月後、とんとん拍子に大阪で肉まん屋を開業。

そうして、**いきなり大繁盛している**という。

ちなみに、冨樫さんはプロの料理人でもなければ、料理学校を出たわけでもない。中国で食べた肉まんのイメージからインターネットで作り方を調べて調理。いわば素人料理だが才能はあったのだろう。

しかもなぜか公的機関から資金調達することもできた。

願いがかなうとき、シンクロが起きている。オレにとってのトカゲが、冨樫さんにとっては雪の結晶だったわけだ。

一度、先ほどのワークをやってみて、自分だけのシンボルをもらってほしい。

そして**日常生活の中でそのシンボルをフッと目にしたら、そこで「よし！」とガッツポーズをすること。**

超意識の応援によって、願望実現に向けて大きく前進していることを感じるはずだ。

そしてどんどんシンボルを見つけてほしい。

見つければ見つけるほど、実現に向けて加速していることは間違いないのだから！

〇〇やったらよろしいやん

そしてサインを受け取る3つ目の方法「3．素直になる」。

これはシンプルながら、最重要テクニックだ。では、もう一度この問いかけ。

「〇〇やったらよろしいやん」

もうね、わかっているはずでしょ。「やればいいこと」を。

ザワつきまくっているはずでしょ？

ようは、あまりのザワツキにストレスが強すぎて見ないようにしているだけじゃないの？

たとえば「結婚する」という願いがあったとき、「結婚相談所に登録する」みたいなサインがやってきたとしよう。

なのに、「結婚相談所だけはNG」などと思って、見ないようにしてない？

あわよくば白馬の王子様のように、ただ待っているだけで理想のパートナーが現れるなんて期待してない？

「収入アップ」でも同じ。

会社を辞めるとか、すべての空き時間を副業に投入するとか、いろんなサインがやってきたりしてない？

だけど、それって、かなり大変だったりするよね。

何度も言うけど、サインってザワツキがあるよ。

なのに、あえてそのザワツキを見ないようにして、**楽な、つまりザワツキやスト**

レスのないサインを求めたりしてない？
それだから「サインがやってきません」と言うわけ。
もっと素直になろうぜ。現実に目を向けようぜ。
もう一度言うよ。

「〇〇やったらよろしいやん」

はい、それがサインです。がんばって片付けましょう！

【第一章のまとめ】

●宇宙方程式「Y＝aX＋b」であらゆる願いはかなう
願いをかなえるには「a：方向」を定め、「X：行動・エネルギー」を出して進むこと！

●「運」の正体は「宇宙の計算」にあった

「運」はけっして偶然ではなく、宇宙方程式によって計算済みのものだった！

「宇宙の計算」が働くとき、「サイン（シンクロとヒラメキ）」がやってくる！

●世界は意識・潜在意識・超意識の３層構造によって成り立っている

意識は「言葉」、潜在意識は「感覚」、超意識は「宇宙」そのもの！

意識は「願い」を持ち、潜在意識は「現状」を守り、超意識は「成長」を促す！

●宇宙の「サイン」を見分ける基準は「ザワツキ」があるかどうか

ザワツキは潜在意識と超意識の摩擦によって生じる！

ザワツキがやってくるのは成長のチャンス！
ザワツキを放置するとどんどん運が悪くなる！

〈こうすればどんどん運がよくなる〉

◆「○○やったらよろしいやん」の「○○」とはあなたにとってなにか？
↓78ページ

◆いまある「ザワツキ」をすべて書き出そう ↓84ページ

◆「Y＝aX＋b」の「a：方向＝願い」をまずはひとつだけ書いてみよう
↓87ページ

◆新たな「ザワツキ＝サイン（シンクロ・ヒラメキ）」に常に敏感でいよう
↓89ページ

第二章

ストレスをぶち破り、運を加速させるエネルギーの出し方・使い方

ザワツキに立ち向かう力、エネルギーとは？

ここまで読んでしまったら、もうウソはつけない。

いま、あなたの心を、ザワツキが巣くっているはずだ。

引き出しの中のサザエが日に日に存在感を増すように、めざまし時計のスヌーズがどんどん大きくなるように、もう、ザワツキから目をそらすことができない。

オレだっていろんなザワツキが毎日のようにやってくる。

たとえば「おしゃれ」だ。生まれてから42年間、服装とかほとんど気にしたことがない。妻が買ってくるのを着たりもする。

それだけ、おしゃれすることは一番苦手なジャンルで、いままでずっと避けてきたこと。必要なのはわかっていながら……。

これがザワツキ。**人によっては簡単であっても、オレにとってはすごいストレスがかかってくる。**

もしかしたらプロ目線でおしゃれ度を高めれば、もっともっと稼げるかもしれない。

だけど、抵抗がある。ザワツキがある。

ここを突破するにはどうすればいいのか。

それがまさに「きび団子」、つまりエネルギーだ！

ザワツキは安心・安全を求める「潜在意識」と、変化・成長を促す「超意識」との摩擦によって生じるもの。

潜在意識側につけば摩擦はなくなるが、超意識側につけばますます熱くなる。

それでももし、**願いをかなえたいならば、人生を加速させたいならば、超意識からのサインを受け取るしかない。**ザワツキに立ち向かうしかない。

その力がエネルギー！

願いをかなえる宇宙方程式「Y＝aX＋b」の「X」がそれだ。

「a」で方向を定め、超意識からサインを受け取る準備ができたとしても、進まなければ意味がない。

そしてサインがやってきても、受け取らなければ意味がない。

桃太郎だって、

「オレ、マジで鬼ヶ島に行くから見とけよ！　明日から本気出す！」

ってホラを吹いていたのではなく、きび団子を持ってきちんと家を出た。

すると、犬・猿・きじがやってきたので、きび団子というエネルギーを与えて、家来にすることができた。

もしもここで、**そのエネルギーをケチっていたら鬼退治は成功しなかっただろう。**

一歩出る、そして犬・猿・きじに与える「きび団子＝エネルギー」をしっかり使ったら願いがかなったんだ！

合い言葉は「どんなことでもやってみよう！」

願いを強く持つことで、宇宙全体がそれをかなえるためにサイン（シンクロ・ヒラメキ）を送ってくる。

そこまでは宇宙の仕事。

だけど、それを受け取るかどうかはあなたの仕事だ。


つまり、意識を使うこと。自由意思だ。

人間とそれ以外の動物の違いは「意識＝自由意思」があるかどうか。

すべてを「宇宙にお任せ」するだけだと動物と同じ。

人間は悲しいかな、自由意思の分だけ宇宙から切り離されている。

でもうれしいことに、自由意思の分だけ**「自分で自由に人生を創る権利」**が与えられているわけ。

ここからの合い言葉は「どんなことでもやってみよう！」だ。
どんなに小さなサインであっても、まずはやってみる。
オレも「おしゃれ度を高めろ」ってサインがきたから、やってみるしかない。

たとえば、結婚なら、
「結婚相談所に登録する」「周囲に〝恋人募集中〟と言いまくる」「お見合いする」「プロにファッションのコーディネートを依頼する」「最高のプロフィール写真を撮る」「ネットのお見合いサイトに登録する」「積極的に合コンする」「コミュニケーションのセミナーを受講する」「恋愛専門セラピー・コーチングを受ける」「10歳は若返るくらいに徹底的に外見を磨きまくる」「異性の多いお稽古ごとをする」「ナンパする」「ナンパされてみる」「不実の恋をやめる」……。

収入アップであれば、
「とにかくいまの仕事をがんばりまくる」「なんでもいいから副業をやってみる」「稼ぐ系セミナーを受講してみる」「転職する」「起業する」「稼げる資格を取る」

「『好きなことして収入を得る』とか考えずにとことん目標金額に執着して働く」「家にある不要なものをすべてオークションに出す」「マーケティング・ライティングの勉強をする」「空き時間にアルバイトをする」「完全歩合制の仕事をする」「やりたいことを思いきってやる」「目指すべき成功者に弟子入りする」……。

など、思いつくことはいろいろあるはずだ。

思いついてしまったら、とにかくどんなことでもやろう！

だけど、そう言うと決まってこう答える人が出てくる。

「どんなことでもって、うまくいかなかったらどうするんですか？」

もちろんそんなの誰にもわからない。

だけど、ひとつだけ言えることは、なにもしなければそのままだけど、**どんなことでもやればやっただけ変わる**ってこと。

うまくいったら儲《もう》けものだけど、うまくいかなくとも、新しいやり方へと改善すればいい。

シャッターを閉めたらそれでおしまいだよ

ときどき開催している「婚活セッション」に参加されたKさんは、30代後半にして本格的に結婚に向けて歩みはじめた。

職場では男性と知り合う機会も少ないので、まずは結婚相談所に登録。

その上で、ファッション、メイクを劇的に改善し、渾身《こんしん》のプロフィール写真を用意して婚活に突き進んだ。

しかし、思ったようにうまくはいかない。

1年ほどがんばったのに実りがない。

「疲れたので、少し休憩します」

そう言った数週間後、**身近なところから恋人ができ、それから結婚に向けて順調に交際は進んでいる。**つい先日、お互いの両親への挨拶を済ませたそうだ。

結局、結婚相談所から紹介されたわけじゃないので、**その間の努力は無駄だったのか？　けっしてそうじゃない。**

この女性は1年間で、人間的にも大きく成長し、出会うべくしてその男性と出会ったわけだ。

同じく「婚活セッション」に参加された30代前半のSさん。

「結婚する！」と決意して、さまざまな取り組みを行ってきたが、思い通りには進まない。

1年ほどして、ある「女子会」になんとなく参加してみた。それもかなりの遠方だ。

なぜか、**その場にいるはずのない「男性」が座っており、意気投合してまもなく付き合うことになり、今年、めでたく結婚**した。

また、以前、電話でコーチングをした30代後半のAさん。

結婚されていたがパートナーとの今後に常々疑問を持っていた。

離婚する意思はあると言うので、試しに離婚届を机の上に置いてみることを提案。

どうなるかはわからないが、ただ惰性で生活するだけの関係になにがしかのインパクトは与えられるだろう。

それを機に夫婦の真剣な話し合いがもうけられ、それまで以上に仲睦《むつ》まじい関係が築かれるかもしれない。

または、離婚が成立してお互い新たな人生がスタートするかもしれない。

Aさんの場合は後者だった。

相手も青天の霹靂《へきれき》だ。大激震が走った末、離婚してAさんは生活力の乏しいままシングルに。

その後しばらく、住む場所もままならない状況が続いていると思っていたら、**いつの間にか年下の男性と結婚して、いまや一児の母**である。

それぞれわずか数行で紹介してみたが、実際の期間は1年から3年にもなるので、いろんなことがあっただろう。だけど、ひとつ共通することがある。

それは**けっしてシャッターを閉めなかったことだ**。ちなみに、シャッターとは「自分への制限」の意味。

できれば結婚相談所から紹介を受けた最初の人と結婚したかった。

セッションを受けてすぐに出会いがあればよかった。

離婚してすぐに運命のパートナーと結ばれたかった。

たしかに「意識」ではそう願ってしまう。

だけど、**実際は思い通り「すぐ」にことが運ぶわけではなく、「超意識」的な成長が意図されることもある。**

しかし、重要なのは、どんなに思い通りにならなくても、けっしてシャッターを閉めないこと。

思い通りの結果がすぐに得られなくても、「かなわなかった」と結論づけるのではなく、「これはなにかある！」と思い、意識を広げてみよう。

すると最高のタイミングで実現が引き寄せられ、「ああ、やっぱりそうだったのか」とあとから振り返ることができるから。

とにかく、サインに従って、どんなことでもやってみよう。

思い通りに進んだら「ありがとう！」。

思い通りでなかったら「これはなにかある！」。

これを合い言葉として、どんなことでもやってみよう。

超意識は間違いなくあなたを成長させ、願望実現へと導いてくれるのだから。

ストレスは身体に悪い？　それともよい？

「どんなことでもやってみよう！」を合い言葉に、いよいよ進むべきときがきた。

ザワツキもしっかり起こっている。

これはなにかある。だけど……ストレスがハンパない。

オレも「R-1ぐらんぷり」に出る前はストレスで吐いた。
また、大好きな旅行に行く前だって余計な心配などして、それなりにストレスがかかっている。

自転車ツアー（福岡から東京まで5都市を自転車で移動しながら講演する企画）のときもそうだった。

3か月前に突然思いつき、それがザワツキへと発展してしまった。そうなると、もうやらないわけにはいかない。
出発の前日はストレスも最高潮に達した。ああ逃げたい。

健康心理学者のケリー・マクゴニガル氏の研究によると、たしかに「ストレス」が健康に悪影響を与える側面はあるが、それは**「ストレスは健康に悪い」と信じている人に限る**という。

逆に「ストレスを感じるのはよいことだ」と思っている人たちは、血管も縮まらず、心拍数も正常に保たれる。

むしろ、「喜びや挑戦することへの勇気やワクワクした状態、気分がポジティブに高揚する際に見られる反応」が起こったそうだ。

つまり、問題はストレスそのものではなく、ストレスに対する「信念」にある。

ストレスは身体に悪いと思っていたらその通りになるし、逆にストレスは身体によいと思っていたら、喜び、勇気、ワクワクした状態がもたらされる。

じつに真逆の反応を起こすわけだ。

ここで選択肢は2つ。

□ストレスは健康に悪い
□ストレスは健康によい

いますぐどちらかにペンでチェックを入れてほしい。ペンがなかったら爪でひっかいてもいい。

もし、「ストレスは健康に悪い」にチェックを入れてしまったら、申し訳ないがすぐにこの本を閉じて病院で診察を受けるべきだ。

そして年に4回は健康診断を受けた方がいい。

逆に**「ストレスは健康によい」にチェックを入れた人は、これからの人生は「喜び」しかあり得なくなる。**

だってそうでしょ。ストレスの反対はリラックス。

「リラックスは健康に悪い」って説はどこにも存在しないし、どちらかというと、リラックスは「喜び」でしかない。

ということは、**「リラックス＝喜び」、そして「ストレス＝喜び」となり、「喜び」以外の道がなくなる**じゃない！

「ストレス、最高！」でエネルギーに転化

自転車ツアー初日の福岡講演で、参加者の皆さんに「いま、なにかストレスを感じていることはありますか？」と聞いてみた。

すると、大半の人の手が挙がった。

「おめでとう！」

それしか言えない。もちろん手が挙がらなかった人に対しても同じだ。

どっちにしても「おめでとう！」なんだよね。

そしてそれぞれ、いま抱えているストレスを思い出し、感じてもらった。

そこで全員で叫んだ！

「ストレス最高!!!!!!!」

講演終了後の午後、福岡から北九州に向けて自転車を走らせたが、じつに幸運なことに大雨が降ってきた。しかも暗くなってもホテルに到着しない。雨が眼鏡を打ちつけ、そこに車のライトが反射するものだから視界がふさがる。ああ、ストレスだ。それでも、このストレスは最高だ。

日没から2時間ほどしてホテルに着いたが、シャワーは気持ちよく、夕食のカレーも最高だった。

そしてふと気がついた。

そうか、**ストレスは「エネルギー」**なんだ。

ザワツキには必ずストレスがともなう。そこで「ストレスは最高だ！」と思うだけで、**それがエネルギーに転化することを発見したのだ。**

桃太郎は鬼退治に行くという「願い」をかかげた。

きっとストレスだったに違いない。

けど、そのストレスをエネルギーに換える方法を知っていた。
それがまさに「きび団子」だったわけだ。

いま、なんらかのザワツキが起こっているとしよう。
かなりのストレスだ。だけど、それはエネルギーでもある。
頭上にきび団子を高らかに持ち上げるイメージで、しっかりした口調で叫んでみよう！

「ストレス最高!!!!!!!」（※ひとりになれる場所に移ってからでＯＫ）

経営者に聞いてまわった「絶体絶命のピンチ脱出法」

なかなかいいでしょ？
この「叫ぶ」って行為、なかなかバカにできない。

以前、周りにいる経営者に聞いてまわったことがある。
それは**「絶体絶命のピンチ脱出法」**について。

オレも独立後、何度も何度もピンチになった。

その都度脱出しつづけたからこそ、いま、こうやって本を書いている自分がいる。

たしかにピンチのときはかなり焦るしストレスだった。

そこで、人生の、そして仕事の先輩たちにピンチの脱出方法を聞いてまわった結果、共通するメッセージがあった。


それは、**「最後は気合い！」**ってこと。


頭で考えられることはすべてやり尽くした。

人事を尽くして天命を待つ。そこで最後は気合い。

具体的には身体いっぱいに叫ぶ。

人がいるところでやると気が触れたように思われるので、車の中とかカラオケボックスとか、ひとりになれる場所を選ぶ。

そこで、

「よっしゃ〜!!!!」

「絶対イケる!!!!」

「ありがとうございます!!!!」

「売上倍増だ〜!!!!」

「オレ（私）はできる!!!!」

「わっはっはっはっはっは（爆笑）!!!!」

「ハッッッッッッッッッッッピーだ〜!!!!」

みたいな感じで、**バカ（アホ）になりきって叫ぶ。**

すると体温が一気に上がり、うっすら額に汗することを感じる。

それでいい。いかにも体育会的な、古典的な方法だけど、じつはこれはめちゃくちゃ効くんだよ。

オレだって最近でこそボクシングとか身体を動かすことをしているけど、元々は吹奏楽部の草食的な文化系で、この手の体育会的ノリは苦手だった。

いや、いまも苦手だ。

だけど、**それでピンチを脱出できるならやるしかないじゃん。**

この手の「雄叫《おたけ》び」を本気でやると、**瞬間的ではあれ劇的に体感が変わってしまう。**

それがエネルギー！

アフリカや南米で伝統的な生活様式を持つ部族を想像してみるといい。

人の輪の真ん中にファイヤーを焚《た》き、太鼓を叩きながら大声で歌っている。たいていの祭りなどもそう。

人々は、昔からそうやってエネルギーを出すことを知っていたわけ。

「声」を出せば出すほどエネルギーがチャージ

経営者たちのピンチの脱出方法にしても、祭りにしても、そこに共通するのは「声」を出すこと。

赤ちゃんがエネルギーにあふれているのは、思いっきり声を出しているから。

だけど、大きくなるにつれ社会性を身につけ、そこで声を出すことを自ら制限してしまう。

たしかに、ところかまわず大声を出すような大人がいたら迷惑な話だ。

だけど、それで声という重要なエネルギー発火点を沈下させてしまうのは、かなり悲惨な話だ。

実際の話、人は声にとても敏感だ。

松下幸之助さんが、「自分は運がいい」と思っている学生を優先的に採用した話はよく知られているが、同様に「声が大きい」ことも人を見る基準にしていた。

声はエネルギー。男も女も、堂々としたよく響く声はとても魅力的。

ぶっちゃけ、仕事や結婚など、人生における重要なパートナーを選ぶ際、見た目や学力なんかより、声を聞けば間違うことはない。

自分にとって心地よい声を持つ人を選ぶべきだ。

その基準は声の大小ではなく、「響き」を重視すること。


よく響く声はバイブレーションが大きく、その震源地である「身体＝潜在意識」が十分に動いていることを意味する。

つまり身体を動かすとは、感覚の世界に揺さぶりをかけることだから、それだけ潜在意識も活性化するわけだ。

そのバイブレーションの大きさがまさにエネルギー。

日常生活では意識しなければ十分に声を出す機会はけっして多くはない。

下手したらほとんど声を出さずに一日を終える人だっている。

声は出せば出すほど響きがよくなるし、出さなければどんどん劣化する。

やっぱり、よくしゃべる人は明るくエネルギッシュで、たくさんの人に囲まれているイメージがある。

もちろんうるさいだけで迷惑な人もいる。

逆に口数少なくとも魅力的な人もいる。高倉健みたいな感じで。

ぜひ、自らのエネルギーを最大化するために、普段から声を出すよう心がけてほしい。

車の中、カラオケボックスなど、大声を出して迷惑にならない場所で、思いっきりアファメーション（自分に対する肯定的な言葉かけ、宣言）するのもいいだろう。

なるべく声の「響き」を意識して。バイブレーションを感じて。

声を出せば出すほどどんどんエネルギーがチャージされるというイメージで、声を出してみよう。

世の中の大人の大半は、普段からしっかり声を出していない。

だから、少しでも声を出すよう心がけるだけで、これからの人生で得することが増えるはず。じつに簡単だ！

願いをかなえたければ「目」をひんむけ！

つぎに声を響かせるトレーニングとあわせて実践してほしいことがある。
それは「目」だ。**声と同様、目にもエネルギーが宿っている。**

そこでまず、普通に次のセリフを言ってみよう。

「オレ（私）は運がいい！」

次に、**目を思いっきり見開きながら（ひんむきながら）言ってみよう。**
声の質がまったく変わることが実感できるでしょ。

そう、なぜか目をひんむきながらしゃべると声質が高まるもの。

なので、**アファメーションなんかも「目」をひんむきながらやると効果100倍。**

実際、人は楽しいとき、興奮しているとき、前向きなとき、一生懸命なとき、無意識に目は大きくなり、瞳孔も開いている。そして相手から目をそらすこともない。「目力《めぢから》」という言葉がある通り、**目には力が宿っており、それがまさにエネルギーなんだ。**

さらに声と同様、**目もまた潜在意識に直結している。**

「目は口ほどにモノを言う」とか、「あの人、顔は笑っているけど目が笑ってない」などと言われるように、目そのものの情報量って思った以上に大きい。

たとえば、写真を撮るとき「はい、チーズ」と言って、スマイルを作ることがよくあるよね。口角を上げるなど、意識的に口元を笑顔にすることは簡単だ。

一方、目尻を下げるなど意識的に目元を笑顔にするのは思った以上に難しい。

なぜなら、口と目では使う筋肉の種類が違うから。

口は「随意筋《ずいいきん》」といって意識的に動かせる。

対して、目は「不随意筋」といって意識的にコントロールできない筋肉（意識的なまばたきなどは随意運動）。

随意筋の代表としては、口以外に関節筋、骨格筋などがある。

一方、不随意筋の代表としては心臓をはじめとする内臓の筋なんかがそうだ。

こう見るとわかると思うけど、**不随意筋をウソをつけない。**

動悸《どうき》や体温、汗など、**気持ちがそのまま身体（潜在意識）に出てしまう。**

つまりは、

- 随意筋＝意識　↓　たとえば口
- 不随意筋＝潜在意識　↓　たとえば目

という関係が成り立つ。

やはり目は口ほどどころか、口以上に素直に表現してしまう。じつに恐ろしい話。

ただ、意識的に動かせないとはいえ、たとえば薬指を単独で折り曲げられない人でも、訓練次第でマスターできるように、身体って訓練すればある程度は自由になるもの。

目もまた訓練すれば、かなりのところまでイケる。

そのための一番いい方法がまさに目をひんむくことだ。

目をひんむくことでエネルギーが放出され、声にも魂が宿るようになる。

オレ自身もこれまで意識的に（そのうち無意識に）、けっして大きいとは言えない目をひんむき気味にしたので、願望実現のスピードも加速してきた。

だから、**願いをかなえたければ目ん玉をひんむけ！**

目をひんむいたり、さらに目尻を意識的に下げたりできるようになれば、それだけでエネルギーで満たされ、人生は加速する。簡単でしょ。

あらゆるエネルギーを吸い取る感情とは？

もしかしたら、声を大きく出すとか、目をひんむくとか、慣れない人にとってはなかなか抵抗があるかもしれない。

そのような、ちょっと大きなアクションに対しては、途端に拒絶反応を示す人が多いのも知っている。

逆に「おお～！　素晴らしい話を聞いた！　さっそく実践だ！」と反応するノリのいい人も少なくない。

この手のアクションを拒絶する人と、素直に受け入れられる人と、どちらがエネルギッシュで、そして願いをかなえられるだろうか。

もはや、言うまでもない。

拒絶してしまうところにある根源的な感情は、じつはエネルギーをどんどん奪う源になっている。

その感情とは、恐怖でもなく、悲しみでもなく、もちろん怒りでもない。

人間にある感情の中でも、**もっともエネルギーを奪い取る最悪級の感情とは……。**

「羞恥心」だ！

精神科医であるデヴィッド・R・ホーキンズ博士の『パワーか、フォースか』によると、「恥（羞恥心）」はあらゆる感情、意識のレベルでもっともエネルギーが低いという。つぎのように記している。

「『恥』は、死に最も近いものです。なぜなら、恥があるからこそ意識的に自殺が選ばれるか、あるいはもっと微妙なことではありますが、人生を維持していこうとする手段を選択しないからです。

（中略）

『恥』は性格全体のレベルを引き下げることから、恥だけではなく、ほかのネガティブな感情によって傷つけられやすい結果を招くので、愚かな自負心や怒り、罪の意識をしばしば起こさせます。」

ちなみに同書において「恐れ（恐怖）」については、「危険に対して恐怖を抱くことは、健全」だとし、さらに「怒り」については、「エネルギーレベルとしては『死』からはるかに遠いもの、創造と破壊のどちらにも通じる」として、ネガティブな感情にも一定の必要性を認めている。

それに対して、**恥ずかしいという感情にとらわれると、エネルギーは低下し、身体も動かなくなる。**

たとえば世の中には「人前で話をする」ことを苦手としている人は多いが、その根底にある感情もまた羞恥心であろう。

「失敗して笑われたらどうしよう」などと起こってもいないことで心配をするが、**そもそも「笑われること」がそんなに悪いことなんだろうか。**

他人の失敗を笑うのは人として最低なわけで、そんなのは相手にする必要もない。

そして人は失敗を通して成長するもの。

にもかかわらず、やっぱり人前で話をすることには抵抗がある。

恥ずかしい。頭でわかっていながら、植えつけられた「羞恥心」が自らのエネルギーを下げてしまう。

オレ自身に多大なる影響を与えた『営業マンは「お願い」するな!』の著者であり営業の神様・加賀田晃氏によると、やはり羞恥心こそが営業の大敵であると言う。

「営業の仕事って、カッコ悪いな〜、恥ずかしいな〜、見られたらどうしよう〜」。

そんな思いで売れるはずはない。

お客様に話すときはハキハキと元気よく。一生懸命に売ることが恥ずかしいんじゃない。モジモジして売れないことの方がよっぽど屈辱なはずでしょ。

そこで一度、このセリフを唱えてみよう。

「いかなる場合でも、照れや羞恥心が役に立つことはない！」

それこそ羞恥心などかなぐり捨てて、唱えてみる。

もちろん目をひんむきながら。この瞬間、なんかの制限がスポーンと取れて、身体の奥底からエネルギーがわき出てくるのを感じたら成功だ。

アファメーションが逆効果なとき

さて、羞恥心を取っ払ったところで、いま一度、思いっきり目をひんむいて、アファメーションしてみよう。代表として、

「オレ（私）はめちゃくちゃ運がいい！」

もちろん他にも気に入った言葉があれば唱えてみるといいけど、目をひんむくこ

とだけはお忘れなく。それだけで潜在意識への入り方がまったく違ってくるから。

結局、言葉やイメージを潜在意識にインプットするには、身体を使うのが一番だ。

第一章でもお伝えした通り、「意識＝言葉」「潜在意識＝感覚（身体）」なので、ただ表面的な言葉でだけ唱えていても効果はない。

それどころか、場合によっては逆効果なことさえある。

たとえば「フェラーリを買うぞ！」みたいなアファメーションがあったとする。

そもそもそういう人たちにはひとつの共通点があるわけでしょ。

フェラーリが欲しい人の特徴。それは、フェラーリを持っていないこと。

なので、感情や感覚のともなわない、言葉の字面だけで「フェラーリを買うぞ！」と唱えても、潜在意識は「フェラーリを持っていません」と判断する。

そして、「持っていません」が余計に強化されちゃうわけ。

そこで、目ん玉をひんむきながら「フェラーリを買うぞ！」でもいいけど、**目の**

前に誰かがいる気持ちで「フェラーリを買ったんですよ！」と言うともっといい。

ぶっちゃけ、オレなんかも車の運転中はつぎのように「ひとり講演会」ですよ。

「皆さん、こんにちは。石田久二です。このたびは出版記念講演会にお越しいただき、ありがとうございます。おかげさまで、発売と同時に増刷がかかり、爆発的な売れ行きを見せているようです」

言うなれば「独り言」なんだけど、あたかも目の前に多くの人がいるつもりになって、言いまくっている。

これは収入アップとか、ダイエットの成功とか、いろんなことに応用して、はたから見たら怪しい人と思われるほどに臨場感を持ちながらやる。

もちろん車の中なので、聞いている人は誰もいない。

ただ、何度か子どもの幼稚園の送り迎えでやってしまい、「おとおさん、なに言いよると？」と言われたことはあるけどね（笑）。

で、これがめちゃくちゃ効くわけ。

ではなぜ、時としてアファメーションの効果がないのか。

それは臨場感に乏しく、身体に入っていかないから。

そこでスムーズに身体に入れる方法が、そう、目をひんむいて言うこと。

繰り返すけど、他人に自慢したり、成功体験を話したりするときって、興奮して目が大きくなるじゃない。

羞恥心を捨て、思いっきり目をひんむいて、そしてアファメーション。

それだけで願望実現にグーンと近づくのだけど、もちろん「やること」はやらなければならない。

それがザワツキ。合い言葉は「どんなことでもやってみよう！」だったね。

ザワツキにアクセスしてしまったら、たしかにストレスがかかってくる。

そんなときもまた、目をひんむいて、「ストレス最高！」で乗り切ればＯＫ。

これでどんどんエネルギーがわき出てきて、桃太郎が鬼ヶ島に向かうように、実現はどんどん近づいてくるわけだ。

エネルギーを持続させるには「腹」を決めろ！

声と目でエネルギーをわき立たせるのだが、もうひとつ大切な付け加えがある。

実際、**目と声だけだと、エネルギーが上半身に集中してしまって、足が地面から離れそうになる。**

やたらテンションだけ高くて、地に足が着いてないよねと、はたから見てそんなふうに思われる。

実際、叫んだり、飛び跳ねたり、踊り狂ったりする系のセミナーって世の中に結構あって、オレも嫌いじゃないし、それなりに効果的なのも知っている。

だけど、テンションが上がりすぎちゃってちょっと変なことを言う場合もある。

たとえば、「年内で10億円稼ぎます!!」とか「絶対にノーベル賞を取ります!!」「3年以内にハリウッドスターになって脚光を浴びます!!」みたいな。

もちろん無理とは言わないけど、**勢いだけで宣言してしまって、日常に戻って自己嫌悪に陥ることもしばしば。**

「目をひんむく」とか「雄叫びをあげる（大声を出す）」は、瞬間風速的に莫大《ばくだい》なエネルギーを出すのには効果的。なので、そのエネルギーに見合う願望（大ボラ）を叫びたくなる気持ちもわかる。

それで、家に帰って枕の匂いを嗅いだ瞬間に「元」に戻って自己嫌悪のパターン。

では、どうすればこのパターンから抜け出し、エネルギーを持続することができるのか。それは、これ。

「下半身にエネルギーを集中させてバランスを取る」

そのエネルギーの集積点となるのが「腹」。「丹田《たんでん》」と言ってもいいけど、ここは一般的に腹と表現しておきたい。

しばしば、「腹を決める」とか「腹が据わる」とかの慣用句から感じる通り、腹にはドシッとしたイメージがある。

人によっては「グラウンディング」と言った方がわかりやすいかな。

オレもここ1年ほどボクシングを習っているのだけど、一通りの基礎を習ったら、うちのジムではマスボクシングと呼ばれる、寸止めの対戦が組み込まれている。

実際、1ラウンド3分をいくつか戦ってみるのだ。

元々スタミナのないオレは最初のラウンドで完全に息が上がってしまい、つぎのラウンドではヘロヘロのボロボロになってしまう。

しかし、**ある日、突然の気づきがあって意識を腹に落としてみた。**

すると、途端に相手の動きがよく見えるようになり、自らの動きを最小化することができた。当然、息の上がりも遅くなる。

それまでは意識が上半身に集中してしまい、バタバタと無駄な動きが多かった。

つまりエネルギーが分散してしまい、体力を余分に消耗してしまっていたわけだ。

また、ライフワークとして続けている滝行もそうだ。

滝の中ではお経や真言を大声で唱えるので、どうしてもエネルギーは上半身に向かいがち。そうなるととても苦しい。

そんなとき、下半身に意識を向け息を深く吐くと途端に安定し、苦しくなくなる。

目をひんむき、そして羞恥心を捨てて声をあげることにより瞬間的にエネルギー爆発が起こる、それを放散させずにしっかり使えるようストックする必要がある。

その集積点がまさに腹。

では、どうすればエネルギーを腹に集積することができるのか。

それはじつに簡単。

普段から腹に意識を向けておけばいい。

たとえばいま、この本を読んでいると、どうしても意識は目や頭に集中しがちだ。

その意識をほんのちょっと腹に向けてみよう。その瞬間、なんともいえない安定感を思い出すはずだ。

突然の事態で周りが慌てていても、腹に意識が向いているとパニックにならずに済む。

特別な呼吸法とか瞑想《めいそう》とかあるのかもしれないけど、そんな必要も特にない。

ただ、**気がついたときに腹に意識を向けて、付け加えるなら、息を長く吐いて、身体をリラックスさせる**といいね。

そうやって、腹を決めて、地面に足を着けながら着実に行動、前進するわけだ。

こればかりは習慣にするしかない。

密教が知っていたエネルギーの秘密

エネルギーを効果的に使うには、声と目で大きく膨らませて、腹で受け止める。

まさに「声―目―腹」の三位一体論《さんみいったいろん》だ。

これは**弘法大師空海**が「**身口意**《しんくい》」の「**三密**《さんみつ》」と唱えたものに通じている。

「身口意」は「身＝印《いん》を結ぶ」「口＝真言を唱える」「意＝精神を向ける」ことであるが、現代的な解釈に当てはめるとつぎのようになる。

- 身＝行動＝腹
- 口＝言葉＝声
- 意＝思考＝目

「目」を見開いてかなえたい願いを見つめ（思考）、

その願いを「声」に出し（言葉）、

そして「腹」を決めて動き出す（行動）。

空海は「身口意」でさとりを得ると説いたが、現代的には「行動：腹」と「言葉：声」と「思考：目」でエネルギーを最大化して願いをかなえるわけだ。

そこで、具体的、物理的にエネルギーを爆発させて、願いをかなえてみたい。

「やったー!! ○○がかなったぞ!!」

あなたの願いをこの文章に当てはめて叫んでみる。

文章の細かいところは気にしなくてよい。

「やったー!!」を頭につけて、そして「○○がかなったぞ!!」と完了形で叫ぶ。

子どもが欲しかったプレゼントを手にした気持ちを思い出して、思いっきり叫んでみる。

エネルギーを意識して、1回だけ渾身の叫びをあげる。

1回やれば3か月はやらなくていい。

目をひんむき、響きのよい声で、腹を意識して叫ぶ。

エネルギーを爆発させる「声ー目ー腹」の三位一体論

やったー!!!
かなったぞ!!

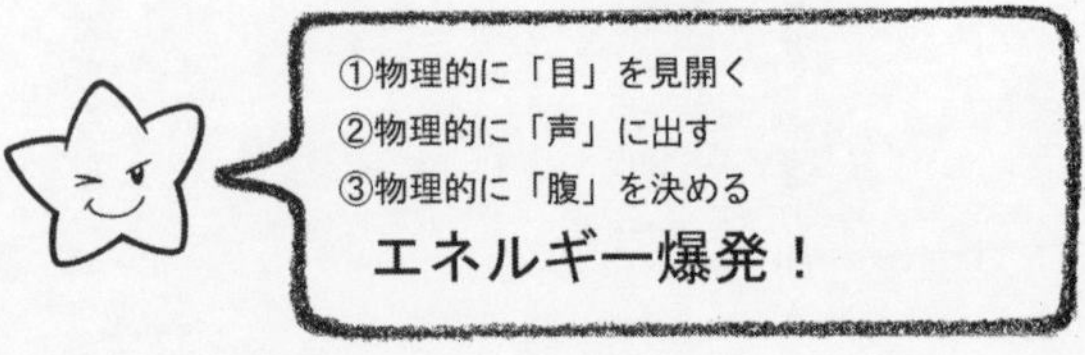
①物理的に「目」を見開く
②物理的に「声」に出す
③物理的に「腹」を決める
エネルギー爆発！

それだけでエネルギー量は確実にアップするのだから、やらない手はないよね。

身体がブルブル震えるような恋をしていますか？

セラピーやコーチングの仕事をしていると、しばしばアラフォー女性の「婚活」がテーマになる。

そのときに、とかく相手のスペック（年収、仕事、学歴、容姿、家族、年齢など）を気にする人が多い。

そのためか、なかなか決まらないともよく聞く。気持ちはわかるのだけど……。

それでも、少なくない割合でアラフォー女性の結婚が決まっている。

その境界となるのは、じつは「恋」ではないかと感じている。

10代、20代に負けない**「恋する気持ち」を思い出すところから、女性としてのエネルギーが高まり、どうやらそのエネルギーが男性を魅了している**ようなのだ。

「恋する相手が現れない」と言う人もいるだろうが、それ以前に胸に手を当てて「恋する気持ち」を思い出してほしい。

恋愛・結婚はそこからがスタートなはずだから。

そしてそれは、夢や願いも同じこと。

見栄や世間体ではなく、それ自体に「恋」できるような気持ちを持つこと。

恋する男女が、四六時中、相手のことを想っているように、願いをかなえる人も同様に寝ても覚めても「願い」のことを考えている。

ときにはかなった姿を妄想してニヤニヤしていたりする。

それはオレ自身もずっとそうだった。

「フリーランスで生きるにはどうすればいいのかな〜」

「本を出版したいな〜」

「結婚して家族で旅行に行けたら楽しいだろうな〜」
「気のあう仲間たちとインドやアイルランドに行ったら最高だな〜」
「いつかは海外でセミナーとかしたいな〜」
「全国を講演しながら自転車で旅したいな〜」

こんなことを、ずっとずっと妄想しつづけてきた（目）。
そんなことをしばしばブログに書いたり、人に話したりした（声）。
そして降ってきた「サイン」を逃さず実行に移してきた（腹）。

そしたら、すべてかなった！
やっぱ、恋なんですよ、恋！

だから、いま一度、胸に手を当てて感じてほしい。
自分は願いに恋しているか？　もう、**身体がブルブル震えるような、なんともいえない感覚を思い出すことができるか？**

それがもし「イエス」なら、そのまま進んでいけば必ずかなう。
だけどぶっちゃけ、恋ができないような願いだったら、かなえてもしょうがないとも思うわけよ。

なんだかんだ、最大エネルギーは恋！
胸に手を当てて、目をつむって、その温かさを感じながら、こう言ってほしい。

「オレ（私）はこれからも人生に恋する○○（自分の名前）になります！」

羞恥心を捨てて言えました？
そしたら体温がちょっと上がるでしょ？
それがそう、エネルギー！　きび団子！　恋する気持ち！

いい人生を歩んでいけばそれでいい！

さあ、恋するあなたは旅に出る準備ができた。

これから、超意識からバンバン、サインが降りてくるから、**ザワツキを楽しみ、人生を満喫してほしい。**

オレ自身の人生を振り返ると、大学4年の夏に**人生でたぶん1回目の大きなザワツキがやってきた。**

当時はちょうど就職活動中で、1年後には普通に会社勤めをすると思っていた。

しかし、どうしてもザワツキが起こる。オレの人生、このまま普通に就職してしまっていいのだろうか。超意識はそんなふうに耳元でささやいてくる。

その一方で潜在意識は「そんなバカな考えはせずに、普通に就職しなさい」などと言ってくる。

いまのオレなら、こんなザワツキにはすぐに食いつくところだが、当時はそんな理屈も知らないので、しばらくは悶々《もんもん》と悩んでいた。

そんなある日、たまたま入った本屋で、浪人時代に多大なる影響を受けた予備校講師・牧野剛氏の著書が目に飛び込んできた。

何気なくページを開くと、そこには予備校卒の大学生からの手紙を紹介するエピソードがあった。

その大学生は、予備校時代の牧野氏の講義に影響されてか、大学卒業後に1年間、インドを放浪すると手紙を送ってきたそうだ。もちろんそれは本人の主体的な決断だ。

それに対して牧野氏はこのようにつづっていた。

「こういう人は、この世の中でうまくいくかどうかはわからないけども、間違いなくすごく面白い人間になって、絶対にいい人生を歩んでいく」

ヤバい、読んでしまった……。

ザワツキは一気にかき消され、その瞬間に就職活動をやめ、その日のうちに大学学生課で紹介されていた工場勤務のアルバイトに申し込み、卒業直前まで続けてしまった。

そしてそこで貯めたお金で、卒業後の9か月間、世界放浪の旅に出た。

帰国後、かなり苦労した時期もあるけど、**いま、こうやって願いをつぎつぎとかなえながら楽しく生きているのも、あのときの決断のおかげだ。**

超意識は見事にやってくれた。人生に悩んでいるオレにとって、あの本の、あのフレーズは、あまりにも愛にあふれすぎていた。

あのフレーズは、いまのオレに対しても生きている。

そして**あなたにも捧《ささ》げたい一文**だ。

超意識からのサインに対して、「どんなことでもやってみよう!」を合い言葉に突き進んでいく決断をした。

だからといって、必ずしも「うまくいくかどうか」の保証はない。
やってみなければわからない。
ただ、**確実にわかることだけを選択して生きていくほど、味気ない人生もない。**
わからないことをやってみるからこそ、「すごく面白い人間」になって、「絶対にいい人生を歩んでいく」のだから。

ではここでまた書いてほしい。

恋するような願い、つまり**「どうしてもやりたいこと・欲しいもの」をいまの気持ちに任せて書いてみよう。**期限なども気にすることなく。

夢や願いのことを思うとワクワクするような、どうしようもない気持ちをペンに乗せて書いてみる。

そしてもし、その願いをかなえるための「お金」が必要であれば、その金額を「必要金額（円）」に書いてみよう。

世の中の願いって、もちろんすべてとは言わないけど、たいていは「お金」か

「恋するような願い」を
いまの気持ちに任せて書いてみよう

どうしてもやりたいこと・欲しいもの	必要金額(円)
1.	
2.	
3.	
4.	
5.	
合計(円)	

「時間」かに関わっている。

どちらかが不足しているので、その分を補えばできることばかりだ。

なかには、時間さえもお金で買えることがある。

最終的には世の中の8割くらいはお金でどうにかなる。

もちろんお金で他人の心や運命まで買えることはないが、自分のことならば割とそれで解決しやすいものだ。

お金はエネルギーの化身。とにかく、5個といわずとも1個でも2個でも書けたら、いよいよお待ちかねの第三章のテーマである「お金の引き寄せ方」に進むことにしよう。

【第二章のまとめ】

●「きび団子」を持って外に出よう
「きび団子＝エネルギー」が運命を加速させる！
どんなことでもやってみればいい！
「願いはかなわない」とシャッターを閉めたらそれで終了！

●ストレスは最高のエネルギー
ストレスを避ける人生と受け入れる人生がある！
ストレスを受け入れた瞬間から人生は変わる！

●エネルギーは「声」と「目」と「腹」に宿る
「声」を出すことでエネルギーはわき出てくる！
「目」をひんむくことで潜在意識が活性化される！
「腹」を決めなければ人生は変わらない！
最後は気合い！　羞恥心はエネルギーを奪う！
アファメーションは中途半端にやるな！

●「恋」はエネルギーの源だ

恋できる願いじゃなければかなわない！

ザワツキを消すと人生は加速度的に面白くなる！

〈こうすればどんどん運がよくなる〉

◆必ず「ストレスは健康によい」にチェックを入れよう！ ↓118ページ

◆「声・目・腹」を意識して「やったー!! ○○がかなったぞ!!」と渾身のアファメーションをしよう！ ↓147ページ

◆「オレ（私）はこれからも人生に恋する○○（自分の名前）になります！」と口に出して言ってみよう！ ↓152ページ

◆「どうしてもやりたいこと・欲しいもの」とそれぞれに必要な金額を記入しよう！ ↓157ページ

第二章

なにをするにも必要な「お金」を確実に引き寄せる方法

お金が欲しければ、エネルギーの出し惜しみをやめなさい

『桃太郎』に出てくる「きび団子」は、エネルギーとお伝えしてきたけど、この正体は現実社会では「お金」かもしれない。

桃太郎は犬・猿・きじを、きび団子で雇ったと考えると、それはそのまんまお金だよね。

夢を壊すようだけど、**結局、桃太郎だって「お金」をかけて鬼退治したことになる。**

今年、オレは「フルマラソンを完走する」っていうザワツキが起きている。

どうせやるなら自分ひとりで勝手に42・195キロを走るより、正式なマラソン大会に出場したい。いまは5キロも走れないけど。

ただ、福岡マラソンを例に取ると、応募しても抽せんで5倍の競争率。

それが、チャリティ枠で10万円以上の参加費を払えば、抽せんなしで確実に出場

できるようだ。

運を天に任せて当せんしたら出場するって考えもあるけど、確実に出場する方法があるんならそっちがいい。

つまり、**10万円の余裕資金があれば「フルマラソンを完走する」ってザワツキを処理できるわけだ。**

結局、世界一周するにも、結婚相談所に登録するにも、キャリアアップのために自己投資するにも、両親と温泉旅行に行くにも、おしゃれをするにも……**なにをするにも「お金」が必要な場合がほとんど。**

そして「お金」とは、エネルギーそのもの。

この世の仕組み的にいえば、**社会に与えたエネルギーの多くが、お金として返ってくる。**

一生懸命働いて社会に貢献すれば、そのまま給料や売上として還元されるわけだし。

だから、「お金」を得たければ、まずは与えること。

でも、与えるにもエネルギーが必要。

そして、**大きなエネルギーを出せば、それだけ大きなエネルギー（たとえばお金）が入ってくる。**

しかも、この宇宙は創生からずっと膨張しつづけているので、**延々と預金が増えつづける「銀行」のようなもの。**

宇宙にエネルギーを預けると、**間違いなくかなりの利息をつけて戻してくれる。**

そうやって自分自身の「器」も大きくなるものだ。

だから、**与える人はどんどん豊かになるし、逆に奪うことだけ考える人は、借金と同じくたくさん利息を取られて貧しくなる。**

ただし、宇宙はその人のことをよく知っているから、けっして能力以上の無理強いはしない反面、手抜きや出し惜しみもすごく嫌がる。

宇宙はエネルギーの銀行

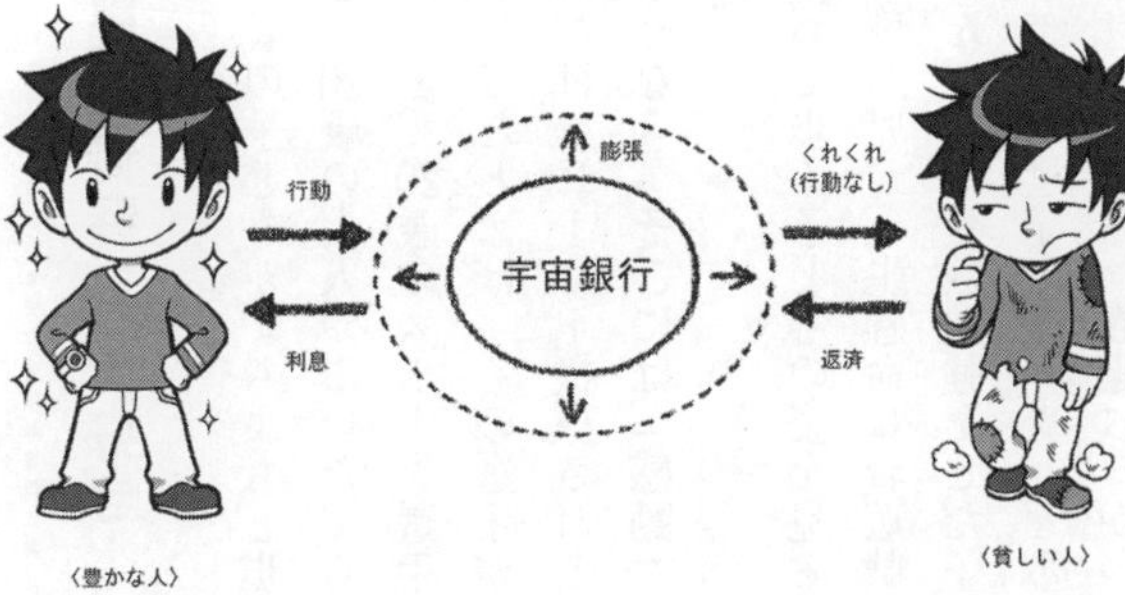

宇宙は「青春」が大好き！

1歳の子どもがよちよちと歩きはじめたら、周りの大人は大げさに喜んでくれるけど、20歳の大人が歩いたくらいではなにも起こらない。

だけど、20歳のスポーツ選手が金メダルを取ったら世間は大騒ぎする。

そしてたとえば、その選手が本番前にケガをしてそれでもがんばって出場したら、それだけでヒーロー扱いされる。

なぜなら、**そこには「感動」があるから。**

初めて歩く子どもの姿を見ると感動する。

幼稚園児が一生懸命にお遊戯をする姿を見たら感動する。

がんばって受験勉強をした子どもが合格すると感動する。

スポーツ選手が金メダルを取ると感動する。

それまで2キロも走れなかった中年男性が、フルマラソンを完走したら感動する。

必ずしも達成するとは限らないが、それでもそのがんばりを見て人々は感動する。

それぞれ求められるステージは違うけど、**他人に与える感動の度合いで宇宙は判断する。**

たくさんの人を感動させるだけのエネルギーを発した人には、それだけ多くの利息をつけて返してくれるもの。

では、どうすれば多くの人を感動させることができるのか。

そのためには、**まずは自分が感動しないとね。**じつのところ、オレ自身もなにかする理由って、そこに感動があるかどうかしかない。

オレはしばしば、**「感動ある人生」のことを「青春」と呼んでいる。**

すべての判断基準がまさに青春のあるなし。

桃太郎が仲間たちを引き連れて、自分より強いヤツに向かっていくってのも熱いよね。なんか青春があるよね。

ようは、そこに「青春」があれば、儲かろうと儲かるまいと、やる。

宇宙っていうのは粋なヤツ。

青春して心をブルブル震わせて、感動の涙を流してがんばっている人間を応援、そして豊かにするようだ。

もちろん、そういう人にはお金も入ってくる。

前の章で、「願いに恋しろ！」って言ったけど、同じこと。

まあ、青春には恋がつきものだし、いくつになっても恋のような気持ちって大切。

そこでもう一度見直してほしい。

前の章のラストで「どうしてもやりたいこと」を1〜5個くらい書いてもらった。

あなたは「どうしてもやりたいこと」で、青春している？

どうせやるなら、青春して、感動して、恋して、涙を流したいよね。

ただ、そうは言っても、**やるには「先立つもの」が必要なことも多い。**

そこでようやく本題だけど、この章では「やりたいこと」をやるための「お金の引き寄せ方」についてお話ししよう。

あなたは、本当はお金が好きじゃない?!

お金は大事。そして便利。

だけど、世の中にはお金で不幸になる人も少なくはない。

日常にあるものの中で、お金ほど人の人生に深く影響するものもめずらしい。

そもそもお金って善か悪か?

お金に向き合う人たちの思いはさまざまだ。ということは、お金そのものに最初から価値が備わっているのではなく、あくまで無色透明。色づけしているのは、それぞれの想念でしかない。

お金のことを好きと思おうが嫌いと思おうが自由。

だけど、お金に恵まれている人の多くは、お金のことが好きだし、恵まれていない人は嫌いなようだ。そこでひとつ質問。

「あなたは、お金のことが好きですか？」

恵まれている人はお金が好き。
そんな前提を聞いたところで、なかなか嫌いとも言えないだろうし、実際、多くの人が好きと答えているだろう。

では仮に「好き」と答えた人に質問。

「日本におけるお金（お札）の正式名称はなんですか？」

ヒントはお札を見ればわかる。
この質問、これまでセミナーで何度もしたけど、即答できる人は1割くらいで、3割は「たぶんあれじゃないかな」みたいな感じ。
そして半分以上はそんなこと考えたこともない。

もう一度言うけど、その名称はお札にしっかり書かれてあるから。1万円札ならば左側の「壱万円」の文字の真上に漢字5文字で書かれてある。

つまり、どういうことか。

多くの人はお金が好きと言いながら、普段からきちんと見てないわけ。

普通、自分の好きなものってくわしいよね。

オレだったら、『ドラえもん』とか『キン肉マン』については、大好きなのでマニア級にくわしかったりするし。

ようは、**お金って多くの人が好きと言いながら、深いところ、潜在意識のレベルでは必ずしもそうじゃないわけよ。**

意識では好き、だけど潜在意識では嫌い。

どっちが現実となるか、言うまでもない。

あと、お札に限らず、請求書とか通帳なんかも同じ。

見たくなくて放置していて、延滞金が発生したりすると単なる取られ損。

それじゃあ、お金は貯まらない。

でも、**いまの段階ではその自覚だけあればいい。**

「好きと思っていたけど、じつはそうでもなかったのかな」って気づきがあるだけで、ぜんぜん違う。そこから好きを選択していけばいいのだから。

お金が必要なら「天使」にお願いだ！

では、これからステップに従って「お金」を引き寄せていこう。

最初のステップは、欲しい金額を明確にすること。

多くの人は、漠然と「お金欲しいな〜」「お金ないな〜」「宝くじに当たらないかな〜」と思う程度で、きちんと「数字（金額）」にまでフォーカスすることは少ない。

2006年11月、オレは会社を辞めて1年半ほどたったころ、付き合っていた彼女（いまの嫁さん）からブライダルフェアの誘いを受けた。

気は進まなかったものの、無料の試食会に惹かれてホイホイついていくことに。

そして何件目かで、とてもいい結婚式場に案内されてしまった。


担当の方と金額交渉になるんだけど、そこでオレの悪い癖が出て、契約する気もないのに思わず値切ってしまった。

そうしたらあとには引けない。その場の雰囲気も手伝って、気がついたら勢いでサインをしていた。

しかし当時は綱渡りのような生活で、結婚資金などまったくなかった。

申込金の10万円を嫁さんに用立ててもらったほどだ。

そこで、**もう藁《わら》にもすがる思いで、ある成功者から聞いた方法を試すことにした。**


それは、**「預金通帳に欲しい金額を書き込む」というテクニック。**

とりあえず200万円だ。

結婚式1か月前には200万円の貯金が必要だったので、「2007年9月」の日付の横に「¥2000000」と書き込んだ。

するとまず翌月に、扱っていた商材のコミッションが2倍になった。

その後も少しずつお金は貯まるようになったが、いよいよ2007年9月になったとき、その通帳にはまだ100万円しか入っていなかった。

そこでまた藁にもすがる思いで、天を見上げてこんなことを言ってみた。

「天使さん、天使さん、どうかあと100万円、僕にくださいませんか」

すると、その10秒後に知人から電話がかかってきて、本当に100万円もらえることになって、ピッタリと200万円が記帳された。

不思議な話だが、じつはこんなことってよくある。

そのときは「天使」と言ったけど、**つまりは「超意識」にお願いすれば、割とかなえてくれるもの。**

必要なお金を引き寄せる請求書の作り方

とにかく、超意識は漠然を嫌う。なので、まずは金額を明確にすること。

そこで、すでにやったことだけど、157ページの表にある「どうしてもやりたいこと・欲しいもの」の横の「必要金額」をもう一度確かめてみよう。

すでに書いた人は確認、まだ書いてない人はいま、書き込んでみよう。

正確な金額がわかればそれを書く。わからなければ、もちろんだいたいでいい。

また、金額がつくようなことじゃなくても（結婚、子育て、ダイエットなど）、もしそれらを手にしたらかかりそうな金額でいい。

たとえばオレだったら、

・フルマラソン参加：10万円
・東ヨーロッパ旅行：30万円
・新車（ミニバン）：300万円
・おしゃれ：30万円
・金のロレックス：100万円
（合計：470万円）

この請求書はしっかりと超意識に届くから、あとは「忘れたころ」に引き寄せられるのを待つだけだ。

これは毎月の給料が決まっているサラリーマンも同様だ。

思わぬ昇給やボーナスがあり、しばしば「お～!!」と思うような臨時収入だってやってくる。

京都で不動産業を経営している清久さんは、毎月、この手順で超意識に請求して、**毎回、必要な資金を手にしているとのこと。**

また、兵庫県在住のSさんは、彼氏とハワイ旅行に行きたいと思い、同じ手順で超意識に30万円ほど請求した。

しかし、実際はそこまで期待もしていなかった。

すると半年後、**彼氏の兄弟がハワイで結婚式を挙げることになり、そのご招待として一緒に行くことになった。**

必要な資金はピッタリ30万円で、見事に引き寄せることができた。ちなみにSさんもその1年後にその彼氏と見事ゴールイン。

さらに、千葉県在住のAさんはオレ主催の九州ツアーに参加する費用を請求した。

すると、その翌月には**参加することができ、それをきっかけに恋人まで引き寄せてしまった。**

すべては超意識に請求することから。せっかくこの本を買ったのだから、他に失うものはない。まずは書き込んでみよう。

なぜ、大きすぎる夢はかなわないのか?

なかには「アメリカ合衆国全土：9000兆円（かどうか知らないけど）」とか「世界の覇者になる：100万円」みたいな極端な願いや金額を書く人がいたりする。

書くだけタダだし、別にいいではないか、と思うかもしれない。

それが本当に心の底から欲しいもので、そのための具体的なアクションを少しでも起こしているなら、それもいいだろう。

でも、ほとんどの場合はそうじゃない。

ウケを狙うにしてはセンスもなく、そのような極端な人は、自らの「劣等感」を一時的にでも覆い隠すことが目的だったりする。

「東京オリンピックで金メダルを取ります！（が、なにもしていない）」
「チベットで修行してさとりを開きます！（もちろん、なにもしていない）」
「自転車で世界一周します！（明日にでも行けるのに、行かない）」

これらの願望を実際に聞いたことがあるが、当然、そのためにただの一歩も踏み出していない。

極端な願望を口にしてみることで、「オレは、本当はすごいんだ！」ってことをアピールしたいだけ。

それによって、**一時的にでも「劣等感」を忘れることができる**から。

周りに優しい人がいたら、「すご〜い！」みたいな賞賛の声もかけてもらえる。

そうなったらもうタマラナイ。極端な願望を口にすることに、ますます快感を覚えるだろう。

そして、もちろんなにもしない。実際にそのための努力をするのはつらいし、それだったら「言うだけ」で自らを慰めている方がいい。

しかし、翌朝起きると、戻ってきた空虚感に押しつぶされそうになる。できればもう少し眠って、いい夢を見ていたい……。

「劣等感」からわき出る願望、海水のごとし。飲めば飲むほど喉が渇く。

願いを書くとき、それは本当に心の底から欲しいものなのか。

願いにワクワクしているか。

人生でその願いをかなえたら、涙が出るほどうれしいものなのか。

青春しているか。胸に手を当てて感じてほしい。

それがもし心からの願いであるなら、ポカポカとした温かさを感じ、自然と目元もゆるむはず。

しかし、それが劣等感や虚栄心から出てくるものなら、呼吸は浅くなり、胸はキリキリと痛みはじめ、眉間のしわを深めるだけだ。

それが本物の願いかどうかは自分が一番よく知っている。

身体が知っている。胸に手を当てて、どこか冷たい感覚が走ったらそれは本物ではなく、なにをやってもかなわない。

温かい感覚がやってくる願いを持とう。

逆に、しばらく胸に手を当てつづけて、身体全体に温かさが行き渡ったとき、自然と本物の願いが出てくるかもしれない。

そのとき、同時に涙が出てくるかもしれない。


それ。それがかなう願いなんだよ。


極端なことを言って他人からの賞賛・承認を求める必要もない。

願いに恋し、温かいエネルギーに満たされた状態。

そしてそのためのお金も間違いなく引き寄せられる。


金額を書き込んだら、(この本を最後まで読み終えて)本棚にしまっておけばいい。

本棚は〝ぬか床〟のようなもの。

書いた金額がしっかりと発酵し、食べごろになったら自然とやってくるから、それまで楽しみに待っていよう。

お金となかよしになる最初の一歩

願いと金額を書き込んだら、つぎは「お金となかよし」になろう。

お金に好かれるには、まずは自分からとことん好きになること。

お金（お札）の正式名称がわからなかったとしても、これから親しくなっていけばいい。


そのためには、まずはお金と常に一緒にいることだ。

人間には会えば会うほど親近感を持つ効果（ザイアンス効果）があるように、お金だって一緒にいると親しみを感じてくれるもの。

そこで実践してほしいのが、これ。

「財布に10万円を入れておく」(注①)

元はビジネスコンサルタントの原田翔太さんから教えてもらったことだけど、これがかなり効く。

多ければいいとも限らず、**現実的な面から「10万円」もあれば十分だ。**

というのも、日常生活では現金10万円を持っていればこと足りるから。それ以上になると普通はカードだし。

なぜ、10万円なのか?

たとえば、道ばたで突然なつかしい後輩と出会ったとしよう。

後輩も自分もたまたま時間があった。ここはゆっくり近況報告でもしたいものだ。

そこで、ちょっとしたバーに後輩を誘い、調子に乗ってちょっと高いワインなどを開けたとする。

請求は6万円。ときどき現金しか受けつけない店もある(先日行った神保町のバーはそうだった)。そしてここは先輩風を吹かせてご馳走してやりたいものだ。

こんなとき、財布に5万円しかなかったらカッコ悪い。

以前、オレ率いる20人ほどで伊勢神宮に行ったときのこと。神宮に正式参拝すると「初穂料」なるものが必要になる。ネットで調べたところ1万円ほどでいいと見たが、そのときは人数が多かったので4万円必要だった。その1週間前に「財布に10万円入れろ」って話を聞いてさっそく実践していたので、さっと4万円を払ったのだけど、危なかった。

もし、それまで通り2～3万円しか入れてなかったら、近くにいるメンバーから借りるところだった。

最終的に人数割りしたとしても、そこはさっと払った方がカッコいい。

これらはカッコの問題もあるけど、**それ以上に「ない」をインプットしてしまう危険があった。**

バーで6万円請求されて5万円しかなかったら、「5万円しか『ない』」を確認してしまう。

神宮で4万円必要になって3万円しか持ってなかったら、「3万円しか『ない』」を確認してしまう。

つまり、**潜在意識には「お金が『ない』」がインプットされてしまい、そのような現実を強化してしまうからだ。**

「あなたは、お金があると思いますか？」

この質問に即座に「ある」と答える人のところに、お金はどんどん吸い寄せられる。

「金持ちはますます金持ちに、貧乏人はますます貧乏人に」なんて格言があるように、実際、資本主義社会では、お金は「ある」ところにどんどん集まるようになっている。

そしてそれは個々人の深層にまで染み込んでいるものだ。

お金に恵まれない人の口癖は、とかく「金がない」であり、恵まれている人たちはなにも言わずに払うべく当たり前に払っている。

「お金となかよし」になるには、日常生活から「ない」を除去すること。

そのためには、まずは日頃から必要十分な10万円を持ち歩く。

そして、無駄遣いをやめて減らさないようにする。


不思議な話だが、オレは「財布に10万円」を実践してから、銀行でお金をおろすことがほとんどなくなった。

というのも、**財布の10万円がなぜか減らない**からだ。

理由はなんてことない。お客さんから現金で支払いを受けることもあれば、ときには飲み会で会費を集めてカードで支払うと、現金がそのまま残ってしまう。

しばしば臨時収入を得ることもある。

そしてその間、預金通帳にはギシギシと数字が書き込まれているものだ。

わずか10万円ではあれ、やはりお金はお金を引き寄せる。

心理的にも常に**「ある」の状態をキープすることで、お金に困らなくなるものだ。**

ちなみにだけど、この「財布に10万円」の話を、仲間内の飲み会で話したところ、ある男性は店を出てすぐにATMに走り、10万円を財布に投入した。
彼は若くしてすでに経営コンサルタントとして成功している。
また、同じ場にいたある女性は翌日に10万円をセッティング。
彼女は世間的にはかなりいい収入を得ているOLだ。
この話にすぐに食いつく人たちは、やはり「お金となかよし」なのかもしれない。

そうじゃない人の中には、「10万円を入れて財布を落としたら困る」「10万円も入れてたら無駄遣いしてしまう」などと言う人もいる。
そりゃ、落とすことや無駄遣いを前提としていたら、お金となかよしにはなれないだろうね。

注① この数年、キャッシュレス化（交通カード、バーコード払いなど）が急速に進み、現金を持たない人も増えてきた。実際、中国や韓国ではほとんど現金を見かけないとも聞く。なので「財布の10万円キャッシュ」はやや時代遅れになったかもしれない。

「感謝すればお金が儲かる」はある数式で説明できる

財布に10万円を入れたら、つぎはお金に感謝すること。

これも人間と同じで、感謝されるとうれしくなる。

ただし、普通は「感謝しろ」と言われても、素直には感謝できない。

ましてや、「お金となかよしになるために感謝します」なんて下心で、本当の感謝はできない。

お金に対する「感謝」は、使うときに自然と表れるもの。

オレはショットバーが好きで、2次会などでよく利用している。最初の1杯はマティーニかジントニックだ。

それなりのバーになると、ジントニック1杯が1500円くらいするが、大衆的な居酒屋だと300円程度から飲める。

たしかに一流のバーテンダーが作るか、アルバイトの学生が作るかの違いはあれど、レシピはほとんど同じ。ジンとトニックを混ぜるだけだから。

だけど、オレは1500円のジントニックが大好きだ。なぜなら激安だから。

いや、ジンとトニックを混ぜただけのが1500円って高いと思うかもしれない。

だけども、最高の場所、最高のバーテンダー、最高の仲間、最高のトークと一緒にいただくジントニックは1500円以上の価値を感じるわけよ。

たとえ3000円出しても納得する。

そこで、「こんな最高のジントニックが1500円なんてありがたいな」と感じることができれば、その瞬間に潜在意識の世界では、このような数式が成り立ってしまう。

「感謝価格（3000円）－実際価格（1500円）＝潜在価格（1500円）」

その後、なんと**「潜在価格（1500円）」が現金として懐に入ってくるわけだ。**

ちなみに**この定式は、「とあるお金持ち」から飲みながらこそっと教えてもらっ**

た。

つまり、潜在意識が、いつでも気軽に1500円のジントニックを楽しめる「器」になっているって話。

逆の場合もある。ファミレスで490円のランチを食べたとしよう。ハンバーグ、白身魚のフライ、野菜、スープ、ライスのランチが490円なんてじつに驚きのプライス。

でも、しばしばファミレスにはカッコ悪いクレーマーがいたりする。スタッフの対応だとかに因縁をつけては、店内で怒鳴り散らす残念なお客。

490円の豪華ランチに感謝するどころか、不満をたらたらこぼして、その価値に気づこうともしない。

そうなると、潜在意識では、

「感謝価格（0円）－実際価格（490円）＝潜在価格（マイナス490円）」

の数式が成り立ち、後々、**潜在価格（マイナス490円）が現金化され懐から出ていってしまう**のである。

つまり、お金を使うときに常に感謝する習慣のある人は、プラスの潜在価格が現実に引き寄せられ、使えば使うほどお金がやってくる。

逆に不満ばかりの人はマイナスの潜在価格がその人からお金を奪い、ますます貧乏になってしまう。

だからこそ、お金はいただくとき以上に、**払うときに「ありがとう」を忘れなければ、どんどんお金から好かれる**わけ。

もちろんクレームそのものが悪いわけじゃない。状況に応じて不備を伝えることも大切だ。

それでも、感謝の気持ちを忘れず、相手のため、お店のためにきちんと言ってあげること。憂さ晴らしなどとんでもない。

いかなるときでも感謝がお金を引き寄せ、不満がお金を奪うことを念頭に置いておけば間違いない。

お金との信頼関係は、お金を払う（手放す）ときにこそ築かれるものだから。

ついでにだけど、支払いのとき、お金を引き寄せる魔法の呪文があるのでお伝えしよう。

「ありがとうね～。お友達連れてまた戻っておいでね～」

お金を払うとき、感謝の気持ちとともに、戻ってきやすい雰囲気を伝えてあげることで、本当にたくさんの友達を連れて戻ってくるから不思議なものだ。

この呪文もまた「とあるお金持ち」から教えてもらったのだけど、この呪文が習慣になったためか、たしかにお金は増える一方。

これはもちろん口に出して言わずとも、心の中で伝えるだけでＯＫ。簡単でしょ。

「感謝」がお金を引き寄せ、
「不満」がお金を奪う

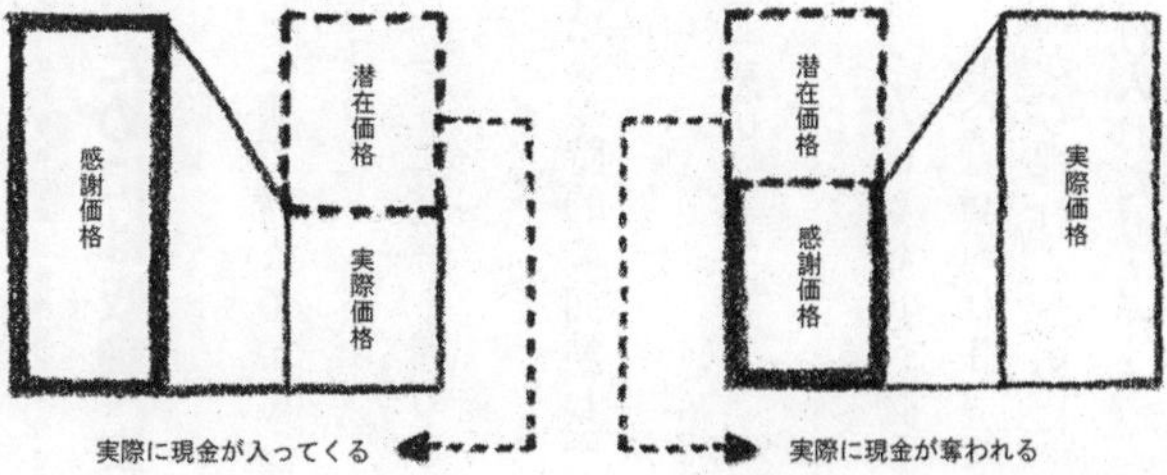

行動するためには奴隷になればいい?!

さあ、ここまで読んでいくうちに、先ほど書いた金額も熟成に向けてジワッと動きはじめたようだ。

ここからさらに発酵を進めるために、2つの方法を紹介したい。

ひとつは、一時的に加熱し一気に発酵させる方法。

それが、「恐怖」だ。

たとえば、人はなぜ食べ物を買うのか。

それは、食べなければ生きていけないから。食べられなくなることはじつに恐怖。

その恐怖から逃れるために、必死で働き、場合によっては理不尽や重労働など「苦」を受け入れたりもする。

オレがその恐怖に本格的に直面したのが、いまからちょうど10年前。

会社を辞めて独立したときだが、リアルに収入がなくなってしまった。

普通は再就職する道を考えるのだが、それはオレにとって食べられなくなる以上の恐怖だった。

いずれにせよ、目の前には恐怖しかない。

その恐怖から逃れるため、オレは必死で考えた。そして情報を求めつづけていた。


ちょうどそのころ、知り合いの主婦の方からこんなことを言われた。

「石田さんはいいですよね。フリーでも生きていくために必死になれるから。私もフリーで稼ぎたいのだけど、旦那の給料があるから……」

こう言われたとき、なんとうらやましい人だろうと思った。なにもしなくても生活できるなら、好きなことできるじゃないか。

だけど、いま振り返ると、それもあながち間違いではなかった。


もし会社を辞めたオレが、両親の実家に住んでいたり、十分な仕送りで生活できていたりしたなら、ぜんぜん稼げなかったことは容易に想像できる。

とりあえず生存に関する恐怖はないのだから、ずるずると過ごしていたことだろう。

しかし、そうでなかったことで、さまざまな幸運が重なって収入を得る道を見つけることができた。

その幸運を引き寄せた原動力が、まさに恐怖だった。

いわば、恐怖のストレスがオレを大きく成長させ、収入をもたらしたといえる。

それだけ恐怖を避けようとする欲求は強く、それが稼ぐモチベーションになっていたのは間違いない。

しかし、**人は恐怖にのみ生きる存在ではない。**

それだけだと、主君のムチを恐れながら働きつづける奴隷と同じ。

どんなに恐怖を避けるモチベーションが強いといっても、常になにかの恐怖に脅《おび》えながら過ごす人生なんてゴメンだ。

……とは言うものの、**恐怖を利用する手を最初から捨てることもない。**

たとえば、この章冒頭の請求書の項目に「借金返済」があったとしよう。

これは事業資金など健全な意味での借金ではなく、サラ金やリボ払いのような、下手したら利息を返しつづけるだけの、蟻《あり》地獄のような借金のこと。

実際、オレも一時的にはリボ払いキャッシングの世話になったことはあるが、それでも月々の利息さえ払っていれば、日々の生活は可能。

苦しい思いをして働かなくとも、とりあえず生きてはいけるから。

しかし、ここで立ち止まって考えてほしい。

この利息返済が長引けばどんな人生になるかを。そして人生でどんなチャンスを失ってしまうかを。

たとえばその利息で自己投資ができたかもしれない。マンションの頭金にできたかもしれない。両親を旅行に連れて行けたかもしれない。結婚できたかもしれない。子どもを育てることができたかもしれない……。

もし10年後も利息返済が続いていたらどうなっているか。

そう考えると、大きな恐怖が襲ってくる。

そして少なからず、その恐怖から目を背け、酒に逃げる人もいるかもしれない。

ギャンブルで逆転を狙おうとする人もいるかもしれない。

そうやって、金融機関の「上客」を続けながら、彼らの豊かさを下支えするのもひとつの人生だ。


だけど、オレはイヤだった。**豊かになるべきは、このオレだ。**

だからこそ、目の前の恐怖から目をそらすことなく、一日も早く借金を返すことに集中した。**ストレスを自己成長に役立てたわけだ。**

そしてオレは奴隷の身から自由になった。


恐怖は一時的に強いモチベーションをもたらす。

でも、それはあくまで「一時的」でよい。

高温で一気に発酵させることができたとしても、続けていると焼けてしまう。

人生を恐怖なんかで台無しにしたくない。なんのための人生なのか！

たった一夜にしてお金に困らなくなった秘密

そこで、発酵を進めるための2つ目の方法、それが「**喜び**」だ。

じんわり、じんわりと膨らませるという感じ。

人が食べ物を買う動機は「生きられない恐怖」によるとしても、たとえば高級レストランなどでおいしいものを食べる理由にはならない。

それでもおいしいものは食べたい。

それこそ、1500円のジントニックもいただきたい。

なぜなら、そこには喜びがあるから。

そして**その感情が強烈であればあるほど、現実を引き寄せやすくなる。**

いまから、約10年前。

独立して4か月で貯金が底をついた。

「どうすればフリーで収入を得ることができるんだ」

一気に高温に加熱された「恐怖」の感情は、4か月目にあるサインを送ってきた。それはパッケージもタイトルもないコピーDVDで、知人からたまたま貸してもらったもの。内容は「セールス研修」であった。

夜11時過ぎ、何気なくそのDVDをノートパソコンに差し込んで見はじめた。数十年前の低スペックな「8ミリ」で録画したような劣悪な画像、しかも途中からスピーカーの片方の音声が消える聞きにくい音声。ホワイトボードの文字も講師の顔もよく見えない。

しかし、気がついたら朝の5時になっていた。夢中で見ていたのである。東の空を見ると、ほのかに赤みを帯びはじめており、その瞬間にさとった。

「もうオレは!! 絶対に金には困らん!!!」

気がつけば、**胸ははちきれんばかりにワクワクしていた。**

そのセールス研修の講師とは、当時は5年先まで研修依頼の予定が詰まっていたせいで、まったく表に出ることのなかった営業の神様・加賀田晃氏である。

加賀田氏の伝えるセールス手法を実践することで、どんなものでも売れるし、その結果、お金に困ることは永遠になくなる。

そんな実感を得たことで、もう、はちきれんばかりの喜びに包まれてしまった。

しかし、当時のオレには売るものがなかった。

そして収入もなかった。それでも「なにか売りたい！　売りたい！　売りたい！　売りたい！」という**強い強い思いが、即座に「売るもの（商材）」を引き寄せてしまった。**

その翌月から、それは売れた。都合3年間は売れつづけた。

いまのようなセミナーやセラピーを本格的に始める前は、**奇跡ともいえる「引き寄せ」により生き延びていた。**

余談だけど、DVDとの出会いから3年後、ある研修会社から招待され、念願かなって加賀田氏の生の研修を受けることができた。

さらに驚くべきことに、かなりご近所に住んでいたことがわかり、しかも同じサンマーク出版から本も出してしまっている。

このシンクロ度合い、まさに「宇宙の計算」だよね。

当時は毎日何度もDVDを見て実践しては、いつか本物の加賀田氏に会ってみたいと思っていた。それがこんな至近距離に住んでいたなんて。

GPSで見たら、ほぼくっついている距離。

やっぱり「運」がいい。そして「宇宙」はある。

一日5分の妄想は現実になる

そしていま、もうひとつ事実を確認。

あなたはこの本を手にしている。

今日一日で数百冊が刊行され、1年間でも数万冊、それ以前の書籍、翻訳書、海外本などもあわせると億単位にもなる「本の宇宙」から、この一冊を手にしてしまった。

この奇跡、かなりヤバいと思いません？　ハンパないと思いません？

だから、もう大丈夫。もしいま、読む前と比べて喜びに包まれているならば、出会うべくして出会った本だ。

その喜びはこれからますます膨らみ、それに見合う現実を引き寄せるに違いない。

そんな喜びモードで、もう一度先ほど書いてもらった157ページの「どうしてもやりたいこと・欲しいもの」「必要金額」に戻ってみよう。

それを見ながらこう妄想してほしい。

「これが実現したら、どんな気持ちになっているかな～」

「これが実現したら、この気持ちを『誰に』伝えようかな～」

しばらく妄想して、じっと味わって……。

この瞬間、少しでも「目頭の熱さ」を感じたらセッティング完了だ。

つまり、感動しているってわけ。

恐怖の奴隷で動くんじゃなくて、**喜びの膨張によって、つぎつぎと感動を引き寄せる準備ができたわけだ。**

たとえばオレなら、

「フルマラソン参加：10万円」

おそらくめっちゃ苦しいと思うけど、走りきったらゴールで泣いているだろうな。

そんなお父さんの姿を子どもたちに見せるのも悪くない。

「東ヨーロッパ旅行：30万円」

行きたいのはトルコ、ギリシャ、アルバニア。気のあう数人と一緒なら最高だな。

ギリシャワイン飲みたい！

人生を満喫している姿を両親が見たら喜ぶだろう。

「新車（ミニバン）：300万円」

いま乗っているのは軽ワゴンだけど、これでもっと快適にドライブができるぞ。気分いいなあ。

車が大きくなったと、子どもたちが大喜び。妻ももちろん喜んでいる。やっぱり買ってよかったなあ。

「おしゃれ：30万円」

服装とかファッションとか、専門家の意見を聞いて、いまより見栄えよくしたら、仕事でも信頼性が高まってセルフイメージが上がるだろうなあ。

まずは妻に見せて、ほめてもらいたいねえ。

「金のロレックス：100万円」

大好きな斎藤一人さんが「お金持ちになりたければ、『金のロレックス』を買え」と言っていたので、素直に買った。う〜ん、ハッタリがきいて最高だ。

もう、誰彼かまわず見せびらかしますよ〜。

この「妄想」は一日5分でいいので、習慣にするといい。

寝る前、布団に入ってから5分。ただ妄想するだけ。

ニヤニヤすればもっといいね。

イメージングの中でも、寝る前はぼーっとして潜在意識優位になっているので、特に深くまで入りやすい。その時間を利用しない手はないね。

その上で、**「誰に・誰と」ってのがミソ。**

人はひとりで感動するより、誰かと分かち合いたいもの。

うれしいことがあったら、一緒に喜びたい。

誰かが感動している姿を見て、自分も感動したい。そして一緒に泣きたい。

そうやって、**ひとりのときより喜びがどんどん膨らんで、それに見合った現実を**

引き寄せる。

そして、「やりたいこと」を実現させるためのお金が自然とやってくるわけだ。

「思考は現実化する」というけど、もっと正確にいえば**「妄想は現実化する」もので、できればそんな「妄想」を語り合えるような仲間がいれば最高だね。**

そんなとき、よかったら目をひんむきながら。妄想最高！

スピリチュアルテクニックの効果がある人、効果がない人

これからは財布に10万円、払うときに感謝、そして妄想。感動する心を忘れない。

そして、ダウンロードした音声をときどき聞き直すだけでいい。

あとは、この本を本棚にしまって発酵・熟成されるのを待つのみ。

そしたら、忘れたころに必要なお金が入ってくるので、改めて本を開いてビックリすることだろう。

ただし、あと2つほど重要なことを言うので、もう少しお付き合いよろしく。

ひとつは、**きちんと働くこと。普段通りに行動すること。**

お金を引き寄せるスピリチュアルテクニックのようなものって、この世にたくさんある。

たとえば……「トイレのふたを閉める」「長財布を使う」「満月に通帳をかざす」など、オレが知っているだけでも両手では数えられないくらい。

ただし、それらのほとんどは「効果がある」と断言できる一方、人によっては効果がまったくないことも。

では、どんな人には効果がないのか。

それは「トイレのふたを閉める」であれば、**それ「だけ」に頼りきってしまうような人。**

働くとか、行動するとか、人によってはストレスだし、できればやりたくないもの。宝くじに当たったら仕事を辞めるっていう人も少なくないし。

なので「トイレのふたを閉める」だけでお金が儲かるなら、それは魅力的な話。

だけど、それで本当に効果のある人は、むしろ余計に仕事をがんばったりする。


この手のスピリチュアルテクニックって、いわゆる「この世」的には因果関係や再現性ってほとんど見えてこない。

だけど、もしかしたら目に見えない「あの世」の論理でなにかあるのかもしれない。

「風が吹けばオケ屋が儲かる」のように、たとえば「トイレのふたを閉める→清潔を心がけるようになる→気分がいい→前向きな気持ちになる→（いろんな因果関係があって）お金が儲かる」みたいな。


きっと、そんな感じの流れもあるのだろうけど、オレなんかはむしろ「トイレのふたを閉めたからもう大丈夫だ」と考えてしまう。

つまり「スピリチュアルテクニック＝あの世の論理」だとすれば、**その根底にあ**

るのが**「大丈夫」って実感。**

ただし、その「大丈夫」のとらえ方が大きく二手に分かれる。

1. 大丈夫だから行動する

2. 大丈夫だから行動しなくていい

同じ「大丈夫」であっても、もっと行動する人と、やめてしまう人がいる。

行動すると、どうしてもストレスがかかってしまう。失敗のリスクもある。

だけど、あの世の論理に守られた実感があると、そんなストレスも最高だし、失敗も成長の糧。

だから、この本を本棚にしまい込んだ時点ですでに「大丈夫」なんだけど、それは**「どんどん行動しても大丈夫」**ってこと。

けっして行動しないことを正当化するものじゃない。

斎藤一人さんが『地球は「行動の星」だから、動かないと何も始まらないんだよ。』という本でも言っているように、**どんどん行動量を増やすからこそ、「あの世」からも好かれて効果が抜群になる。**

そして言うまでもなく、「あの世」とは「超意識」のこと。

超意識にはしっかりとリクエストが届いているので、もしかしたら成長のためにサインを送ってくるかもしれない。

サインを受け取るとき、ザワツキが起こる。

そのザワツキに従ってしっかり行動しよう。大丈夫。

寺山修司さんは「書を捨てよ、町へ出よう」って言ったけど、オレなら「書は本棚へ、町へ出よう」って言いたい気分。

本の発酵が進むのが本当に楽しみだね。

お金はあなたの心を映す鏡

そして重要なことの2つ目。

それは**気にしないこと。**

本棚にしまってから、まだかまだかと気にしないこと。

願いが忘れたころにかなうように、きちんと動いていたら、お金も忘れたころに入ってくるから。

なかには「本棚にしまって50日たちました」などと、オレにわざわざ報告してくる人もいるんだけど、その必要はないばかりか、やらない方がいい。

なぜなら、「本棚にしまって50日たちました」の言葉の裏には「でも、まだ十分なお金はない」というメッセージが含まれているから。

実際にはその裏のメッセージである「ない」が実現してしまうから。

必要十分なお金を引き寄せるには、常に「ある」の状態でいること。

そのためには、いちいち気にしない。いつも余裕の雰囲気でいること。

いずれベストのタイミングでやってくることを信じよう。


余談だけど、オレが最初に超意識に請求したのは2005年の独立当時だった。

そのときからすでに「年収2000万円」と書き込んでいた。

期限は年内を毎年。

しかし、これだけはずっと達成できないでいた。だけど、とりあえず生活できているし、あまり気にもしていなかった。


そして2013年、ようやく「年収2000万円」に到達。

それも無理なく、ごく自然な形で。

振り返ってみると、**請求金額に達したのも、自分自身が「成熟」したから。**

つまり、それだけの収入を得る力が身についたからだ。


極端な話、会社を辞めてすぐに宝くじで2000万円当たっていたらどうなっていたか。おそらくおかしくなっていただろう。

事実、宝くじに高額当せんした人たちを追跡調査したところ、じつに8割以上が「当せん前より不幸になった」と述べたそうだ。自己破産した人も少なくない。

やはり人にはお金を入れる「器」がある。

その器以上のお金がいたずらに入ってきても、ほとんどのお金はあふれ流れるばかりでなく、器そのものを破壊して、逆に貧しくしてしまうものだ。

本当に重要なことは、一時的に大金を得ることじゃない。

これからの人生を豊かに過ごすのに必要十分なお金を常に持っていることだ。

「1億円の宝石」が、もし本当にその人に必要なものであれば自然な形で入ってくる。

だけど、それが劣等感からの望みや、単なる見栄なんかであれば、期待しない方がいい。

「お金」とは自分自身の心を映す「鏡」である。

手にできるお金を決めるのは、自分自身の心でしかない。

本当にワクワクした気持ちで、豊かな心を持って、ときには感動の涙を流せるような日々を過ごしていれば、その状態にピッタリのお金が必ず入ってくる。


この章では「お金」の引き寄せ方をテーマにしたが、ひとつの実験のつもりで楽しんで取り組んでほしい。

奪われるものはなにひとつない。

喜びに包まれた金額をこの本に記入し、そして本棚で眠らせておく。

それはやがて「熟成」するので、その時期を楽しみに待とう。

なによりこの「ワクワクしながら待つ気持ち」こそが、「運」を膨らませ、発酵を進める酵母となり、思った以上の結果を引き寄せるのだ！


この章の最後に、とっておきの音声について説明したい。その名も……、

「お金を引き寄せる『梵字』の秘密」
「誰もが10年以内に10億円を手にする方法」

お金を引き寄せる「梵字」は、この本の巻末を参照のこと。使い方は、同じく巻末からダウンロードした音声で確認してほしい。

この2つの音声を何度か聞くことで発酵が進み、思ったより早くに望みの金額が引き寄せられる。

最低9回は聞いてほしい。内容はとにかく聞いてからのお楽しみだ！

【第三章のまとめ】

●エネルギーは「お金」によって表現される

社会に与えたエネルギーはお金で返ってくる！

感動あるところにお金あり！
お願いすればお金はやってくる！

●大きすぎる願いはかなわない
他人に承認を求める願いは捨てよう！
本物の願いは身体が知っている！

●「感謝」がお金を引き寄せる
常に「ある」の状態を保てば自然とお金はやってくる！
「感謝価格」が「実際価格」を上回ったとき、意識は現金化される！

●「恐怖」と「喜び」がお金の引き寄せを加速させる
恐怖の感情は一時的に必要なこともある！
喜びの感情はお金を永遠に引き寄せる！
喜びに「誰」を加えることで発酵が進む！

〈こうすればどんどん運がよくなる〉

◆もう一度、第二章の「どうしてもやりたいこと・欲しいもの」と必要金額を確認しよう！　↓175ページ

◆いますぐ財布に「10万円」を投入しよう！　↓183ページ

◆お金を払うときは、「ありがとうね〜。お友達連れてまた戻っておいでね〜」を口癖に！　↓192ページ

◆布団の中で5分間の「妄想」を習慣にしよう！　↓206ページ

◆「お金を引き寄せる『梵字』の秘密」と「誰もが10年以内に10億円を手にする方法」の音声を最低9回聞こう！　↓216ページ

第四章

あとはなにもしなくていい！
運がいいときの究極の状態

超意識の正体はあの国民的アニメの主人公だった

2014年の11月、福岡から東京まで3週間かけて自転車で講演ツアーを敢行した。じつは自転車で講演をしながら各都市を巡るというのは2006年から8年間あたためてきた「夢」だった。

敢行する3か月前に突然の天の声、ザワツキがやってきて、もうやるしかなくなったのだ。

そのザワツキの翌日が『夢がかなうとき、「なに」が起こっているのか?』の出版記念講演会だったのだが、そこで宣言してしまったのであとには引けない。

これでやらなかったら、オレは言行不一致のヘタレとなってしまう。

その宣言の通り着々と準備を進め、ついに出発前夜がやってきた。

気分的には不安でいっぱいで、正直ブルーですらある。そしてその晩、5歳の長男とお風呂に入っているとき、長男がある歌を歌いはじめた。

それは国民的アニメ『ドラえもん』の主題歌『夢をかなえてドラえもん』だった。

幼稚園で歌っているそうだ。それまでも子どもと一緒にテレビで何度か耳にはしたことがある。


「夢をかなえて……、か」

ちょうど翌日から「夢」を運んで自転車の旅に出る。

家族が寝静まって、遅くまで出発準備をしながら、なんとなく長男が歌っていた歌をYouTubeで再生してみた。こんな歌詞だ。

心の中 いつもいつもえがいてる（えがいてる）
夢をのせた自分だけの世界地図（タケコプタ〜）
空を飛んで時間を越えて 遠い国でも
ドアをあけてほら行きたいよ 今すぐ（どこでもドア〜）

大人になったら忘れちゃうのかな?
そんな時には思い出してみよう

Shalalalala 僕の心に
いつまでもかがやく夢
ドラえもん そのポケットでかなえさせてね

Shalalalala 歌をうたおう
みんなでさあ手をつないで
ドラえもん 世界中に夢を そうあふれさせて

やりたいこと 行きたい場所 見つけたら(みつけたら)
迷わないで 靴を履いて 出かけよう(タイムマシン~)
大丈夫さ ひとりじゃない 僕がいるから

キラキラ輝く 宝物探そうよ（四次元ポケット〜）
道に迷っても 泣かないでいいよ
秘密の道具で 助けてあげるよ

Shalalalala 口笛吹いて
高らかに歩き出そう
ドラえもん あの街まで届けばいいね

Shalalalala 僕らの未来
夢がいっぱいあふれてるよ
ドラえもん 君がいれば みんなが 笑顔になる
大人になってもきっと忘れない
大切な思い いつまでもずっと

Shalalala 僕の心に
いつまでもかがやく夢
ドラえもん そのポケットでかなえさせてね
Shalalala 歌をうたおう
みんなでさあ手をつないで
ドラえもん 世界中に夢をそうあふれさせて

（作詞・作曲 黒須克彦）

聞きながら、不覚にも泣いてしまっていた。音楽って卑怯だ。こんな一瞬で胸を打たれるなんて。

子どものころは誰もが純粋に「夢」を描いていた。

けども、大人になるとつい忘れてしまう。あきらめてしまうこともある。
でも、そんなときこそ思い出してほしい。
ドラえもん、つまり「宇宙＝超意識」の存在を。
超意識は、常にあなたの夢や願いをかなえるためにサポートしてくれている。

やりたいこと、行きたい場所があったら、とにかく一歩を踏み出そう。
道に迷っても大丈夫。
常に超意識がそばについているから、「秘密の道具＝サイン」で助けてくれる。

だから、「夢」を思い出して、一歩を踏み出してほしい。
前進してほしい。そして子どもに負けないもっともっと大きな夢を描いてほしい。
そんな思いで、よかったらこの歌をYouTubeででも聞いてみてほしい。
あなたのピュアな心を揺り動かすかもしれないから。

夢は膨らむものなんだ！

福岡—東京の自転車講演ツアーは、ちょうど21日目に無事に終了した。ほんとにたまらないくらい楽しかった。

もう思い残すことはない……ハズだった。

それがつい先日、身近な友人のお兄ちゃんが書いているブログを教えてもらった。

何気なく読んだら、またさらなる「ザワツキ」がやってきた。

それは、「オマエも自転車でユーラシア大陸を横断しろ」ってものだ。

そう、そのお兄ちゃんもかつて自転車で地球を回っていたのだった。

ああ、知ってしまった、読んでしまった。

オレは現在42歳。中年のオッサンであって、スポーツ選手ならばほとんどが引退している年齢だ。しかも、子どもたちもまだ小さい。

さらにユーラシア大陸の横断はあまりにも過酷で危険。

途上国などでは、日本や他の先進国と違って道路状況も治安もよくない。

話によると数百キロも人気のない砂漠地帯を通ることもあり、そうなると当然、テントで野宿となる。考えれば気が滅入《めい》るようなザワツキだ。


せっかく「福岡から東京まで自転車で講演ツアーをする」という夢をかなえたのに、また新たな大きな夢ができてしまった。

つまり、かなえても、かなえてもキリがないんじゃないか。

でも同時に、ヤバいくらいワクワクしている自分がいる。

そうか、**夢は膨らむものなんだ。**

「いますぐ」は無理があるので、50歳になる8年後にフォーカスしてこの夢をかなえたいと思う。

「オレは50歳に自転車でユーラシア大陸を横断する！」（注②）
これを実現するためには、**まずは絶対的な健康。**

糖尿や血圧の薬など持っては旅に出られない。

そして経済。1年間は仕事をしないので、旅の費用と家族の生活費を十分に蓄えておく。働かなくても収入が入る仕組みづくりも大切だ。

最後に気持ちよく送り出してもらうための人間関係。

家族を第一に、仕事仲間などの応援も重要。

「未来」に夢を設定すると、逆に「いま」すべきことがハッキリしてきた。

自転車旅行なんて個人的でちっぽけな夢かもしれないけど、夢はあくまで自分のもの。自分自身がワクワクすればそれでいい。

そしてこの夢が実現すれば、また新たな大きな夢が出てくるんだろう。

そうやって死ぬまで夢を持ちつづけたい。

夢に生き、夢をかなえながら死んでいきたい。

「あなたが生まれたとき、周りの人は笑って、あなたは泣いていたでしょう。だからあなたが死ぬときは、あなたが笑って、周りの人が泣くような人生を送りなさい」

ネイティブアメリカンの言い伝えらしい。

死ぬときはなにひとつ後悔もなく、腹の底から爆笑しながら死んでいきたい。

そのためには、どんどん膨らむ夢に生きることだ！

注② 50歳になった現在、自転車でユーラシア大陸横断は果たしてないが、ヨーロッパ、ニュージーランド、韓国などは走った。しかしそれ以上に47都道府県を自転車ですべて訪問しトークライブを成功させたのは大きな達成だ。ユーラシア全体はまた後で。

喜びと恐怖の目盛

しかし、夢は時として危険なこともある。

自転車でユーラシア大陸を横断するなど、言われなくとも十分に危険なこと。

だけど、どんなに安全に見える夢であっても、それはいまの自分から見たらすべて「変化」だ。潜在意識は変化を嫌う。

いかなる夢であっても、それが変化である限り、潜在意識はそれを危険と見なしてしまう。


潜在意識が求めるものはただひとつ。安心・安全だけ。

そして潜在意識にとっての安心・安全とは「現状」であり、仮にいま、不健康であったとしても、貧乏であったとしても、いままでの自分を維持することだけを求めている。


しかし、すべての潜在意識が「現状維持」を求めている中で、**この世には「現状」をぶち破ることを快感とする人たちがいる。**

その人たちの潜在意識は異常なのか。

いいや、そんなことはない。その人たちの中にある潜在意識だって必死に抵抗しているはず。

ではなにが違うのか。

それは**「超意識」**の存在をより身近に感じていることだ。

潜在意識は過去の「危険パターン」をすべてプログラミングしている。

一度でも牡蠣《かき》に当たったことがあるなら、その苦しさがトラウマとなり、おいしいはずの牡蠣が大嫌いになる人は少なくない。

潜在意識には「牡蠣＝危険」と一般化する働きがあるからだ。

しかし、言うまでもなくすべての牡蠣が危険なはずはなく、オレだってこれまで数えきれないほど牡蠣を食べてきたが一度も当たったことはない。

牡蠣に当たるなど、確率的には極めて低いのが現実。

だけど、**潜在意識は複雑を嫌い、すべてを単純に一般化する性質があるため、一度でも「危険」を体験したら、その類似物はすべて危険となってしまう。**

1000の牡蠣（体験）があったとして、999は安全でも、ただひとつの危険を体験してしまえば、それはすべて「危険」となってしまう。

確率論的には牡蠣は「安全」であるはずが、たった一度の体験で危険と見なしてしまう、考えてみれば滑稽な性質があるわけだ。

たしかに頭（意識）ではわかっている。

でも、身体（潜在意識）は正直で、牡蠣を目にしただけで鳥肌が立ってしまうのではないか。

潜在意識の役割はよくも悪くも、安心・安全を守るために、恐怖の感情・感覚によってブレーキをかけること。

一方、**「超意識」は成長を促す。そしてその根底には喜びの感情がある。**

恐怖はさまざまな経験・体験によってプログラミングされた感情であるのに対し、**喜びは一切の条件から自由であり、人間、そして宇宙の本質でもある。**

人間の赤ちゃんは、生まれてから最低でも1年間は自分ひとりでなにもできない。

そしてこの宇宙を完全に信じていて、そこにはひとかけらの恐怖も存在しない。

生まれてきたこと自体が祝福そのものであり、赤ちゃんはそのことを知っているからこそ、すべてに身を任せられるのである。まさに喜びだ。

でも、赤ちゃんも大きくなるにつれ、喜びに位置していた目盛が恐怖へと向かってしまうことも少なくない。

それだけ潜在意識が危険をプログラミングしてしまうから。でもそれは単に人より多く牡蠣に当たるようなもの。

本人にまったく非はなく、たまたまそんな牡蠣を食べてしまったから。

たったそれだけのことで、**喜びから恐怖へと目盛が移ってしまう**にすぎない。

つまり、恐怖の原因は「たまたま」であり、それ自体になんの必然性もないわけだ。たとえばいま現在、あなたはつぎのゲージの目盛のどの位置にいるだろうか。


「喜び」――――+――――「恐怖」

まったく恐怖の感情がない人など、生まれたばかりの赤ちゃんをのぞいて、少なくともこれを読んでいる人の中には存在しないだろう。

恐怖は危険から身を守るため、もし恐怖がなければ危なっかしくて外を歩けない。

幼子はそれを知らないから、親が手をつなぐ必要がある。

ようは、日常的に喜びと恐怖とどちらを常に感じているかってこと。

これは言い換えると、「潜在意識（恐怖）」の奴隷として生きているか、「超意識（喜び）」に祝福されて生きているかの度合いのこと。

そのどちらかによって、日頃の行動パターンが決められてしまう。

「恐怖」のサクセスストーリー

まず恐怖を感じながら生きている人は、真っ先に「安全」を求める。

そのために「物質」で身を守ろうとする。

その代表がお金。お金があれば恐怖を拭えると考え、手段を選ばずがんばって稼ぐ人は少なくない。

世にいう悪徳業者などはその代表だろう。人をだましてでもお金を求める。なぜなら、その人たちは最初から他人を信じていないから。信じられるのはお金しかない。

お金があれば安全だけど、なかったら不安で仕方ない。恐怖ですらある。

ただ、**どんなに大金を稼いでも満足することはない**。

むしろ、お金を手にすれば手にするほど、それを狙って近づいてくる人が増えるし、それを守るための恐怖と戦わなければならなくなるから。

まさに海水のごとし。飲めば飲むほど喉が渇く。稼げば稼ぐほど怖くなる。

それでも物質を求めることは止まらない。

なぜなら、お金などの物質で身を固めると、それなりの「地位」が与えられるから。いわゆるステータスだ。

もっとも、恐怖に生きながらでも稼げる人は、たまたまその能力に恵まれているだけで、そうじゃない人たちは物質にも満たされず、ただ恐怖に引きこもるだけ。

もちろん地位もなく、他人や社会を恨みながら生きつづけるだけだ。

たまたま稼ぐ能力があった人は、物質に恵まれ、地位を手にする。

その結果、**他人からの「承認」が得られ、そこで初めて「仲間」がいることを実感する**。ただし、その仲間も物質や地位に惹かれてくる上辺だけの仲間にすぎない。でもとにもかくにも、曲がりなりにも仲間の存在を認め、そこでようやく自分や組織を「成長」させることに興味が向かいはじめる。

そして**成長することで、やっと「変化」を受け入れることができる**わけだ。

じつは世の中には、このような「どん底からはい上がる」といったパターンのサクセスストーリーは少なくない。一定の共感も得られる。

それでも、その本人が本当に幸せかどうかは別の話。

根底にあった恐怖の感情が根強く残っている限り、表面的な成功とは裏腹に、家庭や健康や精神などに、なんらかの問題を抱えているケースもよくある話だ。

たとえば、オレの大好きな矢沢永吉さんは、貧しい少年期を過ごし、「ビッグになる」と決意して上京（正確には横浜）。

そして大スターになった。が、身内の裏切りにより突然30億円もの借金を背負うことに。

「貧乏は恐怖」という強い思いにより、並外れた成功を手にすることができたが、**恐怖の感情そのものを拭えていないと、恐怖を再現してしまう。**

もっとも、いまの永ちゃんは完全に喜びの目盛によっているだろうけど。

恐怖のサクセスストーリーはつぎのようなプロセスを踏んでいるのがわかる。

「恐怖」→安全→物質→地位→承認→仲間→成長→変化

「人生は大丈夫」と知っている人が住む世界

では、喜びの目盛によった人たちは、どんな人生を送るのか。

それは恐怖の目盛によった人たちと完全に逆のプロセスを踏むことになる。

喜びに満たされている人は、生まれたばかりの赤ちゃんと同じく、宇宙を基本的に信頼しており、**人生は「大丈夫」であることを知っている。**

だから、真っ先に「変化」を求めてしまう。

変わったことをするのが大好き、未知の世界が大好き、初体験が大好き。

たとえば居酒屋などで「聞いたことのないメニュー」があると、なにも考えずにそれを注文してしまう。


オレもその口だ。以前、昆虫料理研究家の内山昭一先生の「バッタ会」に参加したことがある。

虫取り網を持って河原に集まり、そこでバッタなどの虫を捕獲して、その場で調理して食べるイベント。

以前から内山先生のブログを愛読しており、その未知の世界に憧れ、先生のイベントに参加するのは「夢」のひとつだった。

失礼ながら、周囲は「うえ～」と言っていた中、オレはそのイベントを心から楽しんだ。実際、どの虫も意外とうまかった（「サクサン」と呼ばれる大きな蛾《が》の蛹《さなぎ》は厳しかったが）。


もちろん虫を食うことが、喜びの条件とはいわないが、どんなことでも、それが未知であればあるほど楽しめる性質を持っている。

そうやって**未知の世界を経験することで、自分の中のなにかが変化し、その結果、「成長」していく。**

未知の世界、成長した先には新たな「仲間」が待っており、当然、お互いが「承認」し合っている。


「あの世」には「長いスプーン」しかないという話がある。

天国と地獄の違いは？

なにか食べるにしてもそのスプーンを使うしかないが、長すぎて自分の口に運ぶことはできない。

それでも**我先に食べよう食べようとがんばっていると、結局、一口も食べられずに餓死してしまう**という話。そこが地獄だ。

一方、天国ではお互いに食べさせ合っているから、誰もが十分に食べることができ、豊かに幸せに暮らしている。

この話と同じように、恐怖の目盛によった人たちがいる「恐怖の世界」はなによりもまず「物質=食べ物」を求める。

そのため、スプーンが長いと全員が餓死してしまう地獄絵図。

喜びの目盛によった人たちがいる「喜びの世界」は、自分が食べるより先に、仲間たちに気を許し承認し合っている。

そのため、食べさせ合ってみんなで豊かになれる天国の世界。結果、それぞれに見合った「地位」(役割)が与えられ、当然、「物質」的にも豊かになる。

そして、やっぱり「安全」で大丈夫なんだってことを確認。

おさらいするとこんなプロセス。

「喜び」→変化→成長→仲間→承認→地位→物質→安全

願ったことがすべてかなってしまう状態とは?

恐怖と喜びとそれぞれを見てきたが、おわかりの通り、「恐怖の世界」にいる人は、とにかくがんばっている。

がんばればお金が手に入るけど、がんばらなければいつまでも貧乏なまま。

そしてがんばってお金持ちになっても、**がんばりにも限界があり、貧乏に逆戻りすることも。**

一方、「喜びの世界」にいる人は、ほとんどなにもしなくてもお金も仲間も手にしている。

目の前に面白そうなことがあると、すぐに手を出して変化を受け入れる。

そこからほぼオートマチックに**「安全＝大丈夫」を確認し、それまでにすべてを手にしてしまう。**

第三章で「お金の引き寄せ方」をお伝えしたが、じつをいうと、「恐怖の世界」にいる人はその方法では思い通りのお金は手にできない。

なぜなら、その方法はまったくがんばる必要のないものだから。

欲しいものを明確にして、この本にそれを書いて金額を埋めて本棚にしまうだけ。

「喜びの世界」にいる人たちは、**たったそれだけで本当に望むべきお金が入ってくるから不思議な話だ。**だけど、世の中はそんなもの。

すべては喜びに生きること。

オレもきっと50歳になったら自転車でユーラシア大陸を横断するだろう。

それをやってお金が入るわけでもなし、誰かに認められたいわけでもない。

ただ、やりたいだけだ。

でもそれまでには、必要なお金や状況は調っていると思う。

だって、自転車ユーラシアのことを考えたらワクワクして喜びに包まれちゃうのだから。

喜びに身を置くことで、あとは完全自動的に必要なリソース（資源、お金や人間関係など）が手に入ってしまう。

また、オレは2004年からライフワークとして「滝行」をしており、年間100日、通算するとかれこれ1200回は滝に打たれている。

そしてしばしば、いろんな人に滝行の体験をしてもらうことがある。

そのとき、反応は大きく2つに分かれる。

ひとつは滝行することで実利を求めようとする人たち。

滝に打たれることで潜在力が開花し、その結果、経済や健康、人間関係が改善するのではないかとの期待。それはそれで否定もしないけど、必ずしも思い通りにはならないこともよく知っている。

そしてもう一方の反応は、「滝行、やってみた〜い！」ってただの好奇心だけでやりたがる人たち。

滝行の導師がこう言っていた。

「昔は自分に厳しくストイックにがんばることが滝行の世界だと思っていたけど、最近はどうやら違うみたいだなあ。楽しく笑いながら行をする方が早く到達できるようなんよ」

楽しく笑いながらといっても、滝や自然への敬意、真剣な気持ちは大切。

自然の中に入る以上、絶対の安全が保証されるわけじゃないのだから。

これはつまり「深刻」と「真剣」の違いだ。

「深刻」には力が入っている、「真剣」には入っていない。リラックスしている。

レンガと竹の違いとでもいえるかもしれない。

レンガはガチガチに固められているが、ハンマーで叩くとすぐに壊れる。

一方で、竹は風に揺れるほど柔らかであるが、ハンマーで叩いてもしなやかなのでなかなか割れない。


レンガであるより竹であれ。


ガチガチにがんばって固めようとするのではなく、**力を抜いてリラックスして、風に任せて生きればうまくいく。**

もちろん成果を出すには、行動、エネルギーが重要だ。

一時的にザワツキ・ストレスを感じることもあるけども、喜びに包まれた人は、ストレスそのものを楽しむ性質がある。

人生楽しいことだらけ。ワクワクが止まらない。

そして願ったことはすべて自動的にかなってしまう。

「人を動かす方法」に動かされるな！

では、どうすれば感情の目盛のゲージを限りなく「喜び」のマックスに近づけられるのか。もしいま、自分が「恐怖」に傾いていたらどうすればいいのか。

ひとつは「恐怖のヨロイ」を脱ぎ捨てること！

そのヨロイの根源にあるものが「自己の重要感」。

恐怖に支配されている人は、安全を求めてガチガチに身を守ろうとする。でも、さっき話したように、それはレンガのようにもろいもの。

ガチガチすぎるがゆえに、慢性的に肩が凝っていたり、頭痛気味であったり、ちょっとしたことでケガや病気を引き寄せてしまいがち。

「自分は重要である」との思い。それ自体は大切なことのように見えるが、問題はその多くが「他者」に向けられていること。

自己啓発の古典的名著であるデール・カーネギーの『人を動かす』によると、文字通り**人を動かすたったひとつの方法が、まさに「自己の重要感」を満たすこと**だという。


必要以上にお金を稼ごうとする。

人の上に立とうとする。

高価な装飾品を身につける。

豪華なサービスを求める。

高級クラブで1本10万円のドンペリを開けようとする。

フェイスブックでリア充投稿を繰り返す……。

すべては「自己の重要感」を満たそうとするため。

さらには、他人の足を引っ張る。犯罪に走る。病気になる……などの**マイナスの結果も、また「自己の重要感」が原因のこともある。**


人から好かれ、良好なコミュニケーションを築こうと思うなら、相手の重要感を満たしてあげればいい。

それは一見、素晴らしい姿勢のようにも見えるが、逆の立場になるととても危険なことだ。


なぜなら、**多くの人は「自己の重要感」の奴隷になっているのだから。**

「自己の重要感」を満たすためには、高いお金も払うし、ただ働きもする。理不尽なはずの要求をも受け入れようとする。冷静に考えると、それが意に反することであっても。

それでもやはり、「自己の重要感」を満たしたくて仕方ない。

そのためにはがんばる、がんばる、がんばる。

「自己の重要感」を満たされないのは、死に近い恐怖ですらある。


人が本気で腹を立てるのは、「自己の重要感」をないがしろにされたときだ。

会社の上司であれ、お客さんであれ、夫であれ妻であれ、不機嫌になる唯一の理由が重要感を満たしてもらえないこと。

逆にその要求にしっかり応えてあげると、上司は意のままに動き、お客さんは大金を払い、そして円満な夫婦関係が築かれる。まさに「人を動かす」だ。

しかし、逆から見ると、他人から動かされることは恐ろしいこと。

「自己の重要感」の本質は自由を奪うことにある。

だって、**本来は動く必要もないし、動きたくもないのに、動かされてしまう**から。

その根底にあるのが、まさに「恐怖」。

自己の重要感を奪われる恐怖から身を守るために、必死でがんばる。

その結果、疲弊する。

「夢をかなえるアホ」であれ！

「自己の重要感」とは、「劣等感」の裏返しだと考えればわかりやすい。

「自転車で世界一周します！」と周りに言う〝だけ〟の人間は、周囲に認められたいだけ。

「すご〜い」と言ってもらって、「自分は、本当はすごいんだ」と思うこと（＝重要感）で、「劣等感」を忘れたいだけ。

第二章でも話したけど、桃太郎は、「オレ、マジで鬼ヶ島に行くから見とけよ！明日から本気出す！」なんてことは言わない。でも、似たようなことを言う人間はよくいる。そんな人は「劣等感」を否定したいだけ。

その証拠に「エネルギー」がないから、一歩も動けない。

言うだけで「自己の重要感」が満たされ、それで終了。

それではなにも動かない。「夢」が「夢」のままで終わってしまう。

もしかしたら、動くことで人から笑われるかもしれない。

悪口を言われるかもしれない。

それがどうした！

もっともエネルギーを奪うのは照れ、羞恥心、ちっぽけな自尊心！

そんなの捨ててしまえ！

いかなる場合でも、照れや羞恥心が役に立つことはない！

「自己の重要感」が傷つけられても、それがどうした！

オレたちは「自由」なはずだ！

「自己の重要感」なんかに惑わされちゃダメだ！

自分が重要であることは、自分が一番よく知っている！

夢を描いたら、自分に聞いてみてほしい。

「その夢はどっから来たのか？」

「劣等感や『自己の重要感』からじゃないのか？」

誰が認めようと、認めなくとも関係ない！　自分がやりたいだけだ！　ワクワクで胸が膨らんで仕方ない！

それだったらＯＫ！　満たされなければならない重要感なんてクソだ！

もう一度言うけど、自分が重要なのは自分が一番知っている！

自己満足？　ＯＫ！　ＯＫ！　それでいい！　オレたちはアホであれ！

恥も外聞もなく、ひたすら自分だけの「夢」に正直に生きるアホであれ！

踊るアホに見るアホ。

夢をかなえるアホもいれば、かなえず、ぐちゃぐちゃ言うだけ、見ているだけのアホもいる。

人は誰もがアホだ。

だったら「夢をかなえるアホ」であれ！

そして、「恐怖のヨロイ」を脱ぎ捨てる呪文がこれだ！

「誰がなんと言おうと、オレ（私）が『重要』なのはオレ（私）が一番よく知っている！」

オレたちは愛と感謝でできている!

そしてもうひとつ大切な真実をお伝えしたい。

つい先日、とあるワークで「生まれてから、覚えている限り最初の記憶」を取り戻す機会があった。そのときにふと出てきたのが、「お尻」だった。

たぶん1歳か2歳で、お母さんからお尻に白い粉をパンパンしてもらっているシーン。

最近はあまり使われなくなったそうだが、オレが赤ちゃんのころは汗疹《あせも》予防でよくパンパンしてもらってた。あの、赤ちゃんの香りがする白い粉だ。

そのシーンが蘇《よみがえ》ってきたとき、ある事実をさとった。

もし、あのとき、お母さんからパンパンしてもらってなかったら、オレのお尻はかぶれている!

そのかぶれが広がり、かゆくなってかきむしり、そこからばい菌が入って化膿《かのう》し、オレの身体はボロボロになっていたかもしれない。

パンパンするのはひとつのシンボル。

お母さん、お父さん、そして多くの人がいたからこそ、いま、こうやって健康に楽しく生きている自分がいる。

それはオレだけじゃなく、世の中の人すべてがそうだ。

たしかに、世の中には親から傷つけられながら育ってきた不幸な人たちもいる。

けっして安易に「許しましょう」なんてことは言わない。

それでも、やっぱり親がいて、誰かが育ててきてくれた、世話をしてきてくれたからいまの自分がある。

人間の赤ちゃんは不完全に生まれるがゆえに、必ず誰かの世話が必要なのだから。

それだけじゃない。パンパンの粉も、おむつも、服も、ミルクも、食べ物も、誰かが作ってくれたから手にすることができた。

そしていまも、食べ物ひとつにしても、農家、畜産、加工、技術、流通、企業、システムなど、あらゆる「手」がかかって初めてここにあるわけだ。

自分の力なんて……1兆分の1もない。

だけども、**その1兆分の1以下の力があるからこそ、この世の中が成り立っているのも事実。**


そこにあるのは感謝、そして愛。

自分ひとりでは生きていけない。あらゆるものを与えられて生きている。

そこには感謝しかない。

一方で、自分自身の存在そのものも誰かの役に立っている、なにかを与えている。

まさに愛。

この宇宙にはなにひとつ無駄なものはない。完璧だ。

そして存在する以上、すべてに価値がある。

理由などない。条件などない。

そもそも価値があり重要で愛される存在。それが存在の、宇宙の真実。


すべてを受け入れること。それが感謝。

そしてただ与えること。それが愛。

愛と感謝。これこそが「宇宙」の本質であり、その真実に気がついたとき、無限の「喜び」に包まれていることを感じるだろう。


「運がいい人」とは「喜び」に包まれている人、愛と感謝に生きている人。


お母さんから白い粉をパンパンしてもらっている記憶が蘇ったとき、オレはまさに生かされているんだ。そしてこの宇宙の一員なんだと知った。

その真実と同化した瞬間、もう涙が止まらなかった。

この宇宙は愛と感謝で成り立っている。

そして、**存在そのものがすでに喜びなんだ。**
だから、恐怖の奴隷になどなる必要もない。
すでに祝福され、愛され、重要な存在であるオレたちは、他人に認めてもらうよ
うがんばる必要などない。

ただ、「ある」だけで価値がある。

なにをやっても、そこには「喜び」しかない。
だから大丈夫。どんな「夢」を描いてもいい。
ちっぽけでもいい。バカバカしくてもいい。
ザワツキが起こったら迷わないでやってみよう。
大丈夫。ひとりじゃないから。
いつも宇宙はあなたのことを見ている。そして愛している。

喜びが広がり、夢は膨らむ!

人生ってなんて楽しいんだろう！　最高なんだろう！　ありがとう！

【第四章のまとめ】

●夢はどんどん膨らむもの
夢はかなえても、かなえてもキリがない！（いい意味で）
「夢」を設定することで「いま」が生きる！

●「喜びの世界」にいることで、あらゆる夢がかなう
恐怖はまずは安全を確保する行動に出る！
喜びは最初から変化に向かって突き進む！
がんばらない方がうまくいく！

●「運がいい人」とは「喜び」に包まれている人

「自己の重要感」を捨てることで喜びはやってくる！

自分がやりたいだけ、ワクワクする夢だけがかなう！

愛と感謝に生きるのみ！

〈こうすればどんどん運がよくなる〉

◆『夢をかなえてドラえもん』を聴こう！　↓221ページ

◆未知の世界に挑戦してみよう！　↓239ページ

◆「誰がなんと言おうと、オレ（私）が『重要』なのはオレ（私）が一番よく知っている！」と言おう！　↓253ページ

◆自分の「存在」を感じてみよう！　↓258ページ

エピローグ
ぶっちゃけ、運をよくするのは簡単だよ

この本を書きながら証明してしまった数々のこと

この本の冒頭でご紹介した「この本で紹介する『運の流れに乗る方法』で奇跡を引き寄せた人の声」の中のこれ。

・欲しいものとその金額（470万円）を紙に書いていたところ、1か月後にいきなりほぼピッタリの臨時収入がやってきた！

（40代男性・福岡県）

じつはオレ。いつも、いつも、自慢ばかりしてすみません……。

でもこれ、**自分ながらにとても恐ろしく感じている。**第三章「必要なお金を引き寄せる請求書の作り方」で、自分自身の例としてこれを挙げた。

- フルマラソン参加：10万円
- 東ヨーロッパ旅行：30万円
- 新車（ミニバン）：300万円
- おしゃれ：30万円
- 金のロレックス：100万円

（合計：470万円）

この本を書き進めるための事例として、**470万円分の「願い」を試しに書いていたら、本当にいきなり500万円もの臨時収入があったのだ。**

7月には300万円近い新車を買い、ファッションスタイリスト兼イラストレーターの柴崎マイさんから「おしゃれコンサル」を受けてスーツを新調。
そして9月には仲間たちとギリシャとアルバニアに行ってしまった！
ちなみに「福岡マラソン」については、ちょうどそのころに第3子が生まれるので、様子を見て来年に持ち越し。「金のロレックス」も買おうと思えばいつでも買える。（注③）
それも、**最初に「書いたとき」はなにも決まっていなかったのが、書くことによってあっという間に実現してしまった。**

まさに、「Y＝aX＋b」の通りに「a（方向）」を定めて、無理のない範囲でそれなりに「X（行動・エネルギー）」していたら、本当に実現するんだってことを、**この本を書きながら証明してしまったわけだ。**

それにしても、毎度、毎度、よくわかんない感じで臨時収入が入ったり、面白い人とご縁ができたり、あり得ないチャンスをもらったりする。

「本当に運がいいな〜」と感じる。

注③　2022年11月、サンフランシスコで、連れられて入った時計店で360万円（2万3千ドル）の金のロレックス（デイデイト）を購入してしまった！

人生は「お祭りの射的ゲーム」、どんどん撃ちまくれ！

だけど、ぶっちゃけ言うと、運をよくするって簡単だ。

その唯一の秘訣は動くこと。

「お祭りの射的ゲーム」で、タマを3発しか持ってない人と、100発くらい持っている人と、どちらがたくさんの景品をゲットできるだろうか。

言うまでもなく100発でしょ。

人はゲットした景品を見て「いいな〜」って言うけど、運がいい人はタマを撃ちまくっているから、ゲットする「幸運」が多い。当たり前。

しかも、射的ゲームならタマを買う必要があるけど、オレたちの**日常世界では、タマを買う必要はない。**

なぜなら、常に持っているから。**それがエネルギー！**

無限のエネルギーをたくさん撃ちまくっていると、それだけ楽しいことがたくさん起こるわけ。

外れることもあるけど、そんなの気にしない。

だって、外れたところで失うものなどないから。

「タマを撃ちまくる、そして外れることを気にしない」

これが「運」の本当の種明かし。

そして的となるのはなにか。**それが「ザワツキ」。**

「なにひとつ取り柄のない男」と言われつづけていたオレだったけど、10年前、切羽詰まってタマを撃ちまくると決めた。

ザワツキがやってくると、片っ端から撃ちまくっていた。

ただそれだけのこと。その結果がいまだと思っている。

あなたも今日から撃ちまくればいい。

タマは買わなくてもすでにある。しかも無限にある。外れることなど気にしない。

撃って、撃って、撃ちまくってもどうってことない。

ちょっと疲れることはあっても、死ぬことはないし、すぐに回復するから。

それよりも、**手元にタマをたくさん抱えたまま死ぬ方がもったいないじゃん。**

どうせなら撃ちまくって天国に行きたいじゃん。


この世の中、「後悔」ほどつらいことってないよ。

だって、それは取り返しがつかないことだから。

ザワツキが起こったら、タマを撃つ。そしたら絶対に後悔しない。


願ったこと、そして書いたこと、しゃべったことが、不思議なほど簡単に実現していったら、すごく楽しいよね！

だから、せっかくなのでこの本の途中の空欄もきっちり書き込んで、ダウンロードした音声を9回は聞いて、そしてたまには読み直して、つぎつぎやってくるザワツキを撃ちながら、楽しく笑いながら過ごしていきたいよね。

そしたらまたハンパないなにかが起こるだろうし、桃太郎にとっての犬・猿・きじのような出会いが待っているかもよ！　楽しみだね！

今回の本もまた構想から1年かけて一生懸命に書いた。

それだけに、ここまで読んでもらったこと、本当にうれしく思っています。

だけど、**それ以上にうれしいのが、あなたの夢や願いがかないまくること。**

そしてできたら喜びを分かち合いたい。

前作『夢がかなうとき、「なに」が起こっているのか？』でもそうだったけど、読者さんからの喜びの声ほどうれしいものはない。

ザワツキに向かってタマを撃っている限り、動きまくっている限り、もう、楽しいことしか起こらない。

後悔することのリスクに比べたら、これから起こることはすべてマル！

さあ、これから人生がさらにさらに、明るく激しくハッピーに展開していきますよ～!!!　人生に乾杯！　おめでとう!!!

■参考文献

『アルケミスト』（パウロ・コエーリョ著／角川文庫）
『パワーか、フォースか』（デヴィッド・R・ホーキンズ著／三五館）
『人生がときめく片づけの魔法』（近藤麻理恵著／サンマーク出版）
『営業マンは「お願い」するな！』（加賀田晃著／サンマーク出版）
『浪人しないで何が人生だ！』（牧野剛著／学習研究社）
『不純な動機ではじめよう』（原田翔太著／徳間書店）
『地球は「行動の星」だから、動かないと何も始まらないんだよ。』（斎藤一人著／サンマーク出版）
『書を捨てよ、町へ出よう』（寺山修司著／角川文庫）
『成りあがり How to be BIG』（矢沢永吉著／角川文庫）
『昆虫食入門』（内山昭一著／平凡社新書）
『人を動かす』（D・カーネギー著／創元社）
『夢がかなうとき、「なに」が起こっているのか？』（石田久二著／サンマーク出版）
『インドへの旅が教えてくれた「ほんとうの自分」の見つけ方』（石田久二著／サンマーク出版）
「How to make stress your friend（ストレスと上手に付き合う方法）」（Kelly McGonigal／TED Talk）

Qさんのエネルギーが
あなたの「潜在意識」を揺さぶり、
「超意識」を目覚めさせる！

単行本刊行時の付録「聴くだけでツキとお金がやってくる音声CD」の音源と、今回の文庫化を記念して新たに録音された特別音声が、こちらからダウンロードできます！

『運がいいとき、「なに」が起こっているのか？』文庫化特別音声

運がいいとき、「こんなこと」が起こっている～聴くだけで幸運力が高まる音声セミナー

お金を引き寄せる「梵字」の秘密

誰もが10年以内に10億円を手にする方法

単行本　二〇一五年　サンマーク出版刊
肩書き・データ等は刊行当時のものです。

サンマーク
文庫

運がいいとき、
「なに」が起こっているのか?

2023年2月10日　初版印刷
2023年2月20日　初版発行

著者　石田久二
発行人　植木宣隆
発行所　株式会社サンマーク出版
東京都新宿区高田馬場 2-16-11
電話 03-5272-3166

フォーマットデザイン　重原 隆
本文DTP　山中 央
印刷・製本　共同印刷株式会社

ISBN978-4-7631-6138-3　C0130

ホームページ　https://www.sunmark.co.jp